中 知 认 证 系 列 丛 书

《企业知识产权管理规范》审核要点与案例解析

中知（北京）认证有限公司 / 组织编写

余　平 / 主编

知识产权出版社
全国百佳图书出版单位
—北京—

图书在版编目（CIP）数据

《企业知识产权管理规范》审核要点与案例解析 / 余平主编. —北京：知识产权出版社，2020. 8

（中知认证系列丛书）

ISBN 978-7-5130-7059-1

Ⅰ. ①企… Ⅱ. ①余… Ⅲ. ①企业—知识产权—管理规范—案例—中国 Ⅳ. ①D923. 405

中国版本图书馆 CIP 数据核字（2020）第 133129 号

责任编辑：刘 睿 邓 莹 刘 江　　责任校对：王 岩

封面设计：博华创意 · 张冀　　责任印制：刘译文

中知认证系列丛书

《企业知识产权管理规范》审核要点与案例解析

中知（北京）认证有限公司 组织编写

余 平 主编

出版发行：知识产权出版社有限责任公司　　网　　址：http：//www. ipph. cn

社　　址：北京市海淀区气象路 50 号院　　邮　　编：100081

责编电话：010-82000860 转 8346　　责编邮箱：dengying@ cnipr. com

发行电话：010-82000860 转 8101/8102　　发行传真：010-82000893/82005070/82000270

印　　刷：天津嘉恒印务有限公司　　经　　销：各大网上书店、新华书店及相关专业书店

开　　本：720mm×960mm 1/16　　印　　张：12. 5

版　　次：2020 年 8 月第 1 版　　印　　次：2020 年 8 月第 1 次印刷

字　　数：184 千字　　定　　价：56. 00 元

ISBN 978-7-5130-7059-1

《中知认证系列丛书》
编 委 会

《〈企业知识产权管理规范〉审核要点与案例解析》编写组

主　编　余　平

副主编　邢文超　李文辉　周　媛

撰　稿（按章节排序）

李文辉　周　媛　邢文超　赵国峰

尤　嫵

审　稿　余　平　苏慎之

序

2008年，国务院颁布《国家知识产权战略纲要》，明确提出到2020年把我国建设成为知识产权创造、运用、保护和管理水平较高的国家。国家知识产权战略是继科教兴国战略、人才强国战略之后第三个国家战略。《国家知识产权战略纲要》颁布十余年来，特别是党的十八大以来，在以习近平同志为核心的党中央的高度重视和亲切关怀下，我国知识产权事业取得了举世瞩目的成就，知识产权大国地位牢固确立。习近平总书记深刻指出，加强知识产权保护，是完善产权保护制度最重要的内容。2019年国务院《政府工作报告》也明确提到，要全面加强知识产权保护，健全知识产权侵权惩罚性赔偿制度，促进发明创造和转化运用。

为帮助企业全面落实国家知识产权战略精神，指导企业建立科学、系统、规范的知识产权管理体系，促进企业自主创新能力和知识产权运用水平的不断提高，逐步实现把知识产权融入企业生产经营的各个环节，我国首部知识产权管理国家标准《企业知识产权管理规范》（GB/T 29490—2013）于2013年3月1日正式颁布实施。该标准由国家知识产权局起草制定，国家质量监督检验检疫总局、国家标准化管理委员会批准颁布，其问世标志着我国企业知识产权规范化管理的大门正式开启。

随后，《科研组织知识产权管理规范》（GB/T 33250—2016）、《高等学校知识产权管理规范》（GB/T 33251—2016）相继实施。由中央军委装备发展部国防知识产权局为主起草编制的《装备承制单位知识产权管理要求》（GJB 9158—2017）于2017年12月1日起实施。我国知识产权管理领域的国家标准体系得到进一步拓展和发展。

与此同时，在国家知识产权局（CNIPA）和国家认证认可监督管理委员会（CNCA）等部门的推动下，知识产权管理体系认证工作也由起步阶段到稳步发展。2014年4月11日，中国专利保护协会旗下的中知（北京）认证有限公司（以下简称“中知公司”）作为全国首家经国家认证认可监督管理委员会（CNCA）批准的知识产权认证机构正式成立，自此拉开了知识产权认证工作的帷幕。中知公司依托中国专利保护协会深厚的行业背景和资源，专注耕耘知识产权认证工作6年有余，完成近2万家创新主体的知识产权管理体系认证服务，不断深化对知识产权领域系列国家标准的理解和认识，积累了丰富的知识产权认证经验，得到社会各界的高度认可。

孟子云，“独乐乐不如众乐乐”。让更多的人了解知识产权规范化管理的魅力，让更多的创新主体通过知识产权规范化管理获取更高的飞跃一直是中知公司的目标。故此，中知公司策划了中知认证系列丛书，分别为：《通往标准之路——企业知识产权标准化管理宝典》《〈企业知识产权管理规范〉审核要点与案例解析》《〈科研组织知识产权管理规范〉理解与实施》《〈高等学校知识产权管理规范〉理解与实施》《〈装备承制单位知识产权管理要求〉解析与应用》。

本套丛书内容不仅包括知识产权领域系列国家标准的条款解读、实施建议、体系建立、审核要点等方面，而且结合标准推行和认证过程中的相关案例，以理论与实务相结合的视角，对知识产权管理体系系列国家标准及实施进行全面详细的解读。希望这套饱含诚意的丛书能够成为广大读者了解知识产权规范化管理的入门读物，成为大家踏上知识产权管理体系阶梯的垫脚石。

中国专利保护协会副会长兼秘书长 

前　　言

《企业知识产权管理规范》（GB/T 29490—2013，以下简称“GB/T 29490标准”）是国家知识产权局、中国标准化研究院起草的我国首部企业知识产权管理国家标准，旨在指导企业建立科学、系统、规范的知识产权管理体系，提升企业知识产权管理水平，增强企业核心竞争力。GB/T 29490标准由国家质量监督检验检疫总局、国家标准化管理委员会于2013年2月7日发布，2013年3月1日正式实施。

自GB/T 29490标准正式颁布实施以来，全国已有数万家企业按照GB/T 29490标准的要求建立了知识产权管理体系。中知（北京）认证有限公司（以下简称“中知公司”）作为全国首家知识产权认证机构，自2014年始，开展企业知识产权管理体系的认证审核工作。至今，中知公司已为近2万家创新主体颁发了知识产权管理体系认证证书。中知公司经过6年多的知识产权管理体系标准贯彻和认证审核实践，不断深化对标准的理解和认识，积累了丰富的知识产权认证审核经验，并得到社会各界的高度认可。

知识产权管理体系审核工作应该如何开展？具体像如何对审核准则进行准确把握、审核时应收集什么样的信息作为审核证据、如何得出审核发现等问题一直为知识产权管理体系注册审核员、内审员所关注。有鉴于此，本书从知识产权管理体系审核概论、知识产权管理体系的文件评审要点、现场审核要点等方面出发，结合标准推行和认证过程中的相关案例及部分法院判例，以理论与实务相结合的视角，对知识产权管理体系的审核进行全面详细的介绍，以期为从事知识产权管理体系审核工作的注册审核员和内审员提供帮助，同时也为企业实施 GB/T 29490 标准提供参考。

本套丛书的第一册《通往标准之路——企业知识产权标准化管理宝典》“下篇”已对审核的基础知识做了较为详尽的论述，因此，本书的第一章“知识产权管理体系审核概论”选取《通往标准之路——企业知识产权标准化管理宝典》“下篇”中未及展开的内容进行介绍。

本书在付梓成稿过程中，中知公司的同事们参与整理汇集了大量审核实践素材，他们是：陈东丽、陈淼、陈丽新、陈红、易巧、郭爱青、杜秀斌、马文娟、申小维、王洪臣、罗志宏、杨嘉、周善明等，对他们的辛勤付出表示感谢。在此，一并对相关部门和领导的关心和指导，以及各方的大力支持表示感谢。

受各方面资源的限制，加之编者水平有限，本书谬误之处在所难免，恳请广大读者批评、指正。

目　录

第一章　知识产权管理体系审核概论

第一节　与审核有关的术语

一、审核（audit）（ISO 9000—2015 标准中 3.13.1）

【定义】

为获得客观证据（3.8.3）并对其进行客观的评价，以确定满足审核准则（3.13.7）的程度所进行的系统的、独立的并形成文件的过程（3.4.1）。

注 1：审核的基本要素包括由对被审核客体不承担责任的人员，按照程序（3.5.4）对客体（3.6.1）是否合格（3.6.11）的确定（3.11.1）。

注 2：审核可以是内部（第一方）审核，或外部（第二方或第三方）审核，也可以是结合审核（3.13.2）或联合审核（3.13.3）。

注 3：内部审核，有时称为第一方审核，由组织（3.2.1）自己或以组织的名义进行，用于管理（3.3.3）评审（3.11.2）和其他内部目的，可作为组织自我合格声明的基础。可以由与正在被审核的活动无责任关系的人员进行，以证实独立性。

注 4：通常，外部审核包括第二方和第三方审核。第二方审核由组织的相关方，如顾客（3.2.4）或由其他人员以相关方的名义进行。第三方审核由外部独立的审核组织进行，如提供合格认证/注册的组织或政府机构。

注 5：这是 ISO/IEC 导则，第 1 部分的 ISO 补充规定的附件 SL 中给出的 ISO 管理体系标准中的通用术语及核心定义之一，最初的定义和注释已经被修订，以消除术语“审核准则”与“审核证据”之间循环定义的影响，并增加了注 3 和注 4。

【理解要点】

（1）审核是一系列具有特定目的的活动，主要包括获取审核证据，将收集到的这些审核证据对照审核准则的相应规定或要求进行比较、分析和评价，确定满足审核准则的程度，记录评价的结果及支持的证据等。

审核是系统的、独立的和形成文件的过程。审核是由一系列相关过程所构成。“系统的”指审核是一种正式的、有序的活动，无论是内部审核还是外部审核，都应该是有组织、有计划并按规定的程序进行的活动，与审核有关的所有过程及其相互之间的关系和作用，要识别、分析，要经过策划并使之处于受控状态；“独立的”是指对审核证据的收集、分析和评价是客观的、公正的，应避免任何外来因素的影响以及审核员自身因素的影响，如要求审核的人员与受审核的活动无责任关系；“形成文件的”是指审核过程要有适当的文件支持，形成必要的文件，如审核策划阶段应形成审核计划、审核实施阶段应作好必要的记录、审核结束阶段应编制审核报告等。

（2）定义的注释给出了审核的分类。审核可分为内部审核和外部审核，内部审核即第一方审核，外部审核可分为第二方审核和第三方审核；又可分为结合审核和联合审核。

内部审核，亦称第一方审核，是由组织自己或以组织的名义进行的审核，主要是用于管理评审等组织内部目的，也可作为组织自我合格声明的基础。如根据内部审核的结论，组织的管理者可以进行自我声明：组织的质量和（或）知识产权管理体系符合 GB/T 19001 和 GB/TGB/T 29490—2013 标准的要求。

内部审核用于管理评审是标准新增加的注释，实质上与 GB/T 19000 中的含义没有变化，因为用于组织内部目的包括用于管理评审，强调内部审核应作为管理评审的一种输入。

“在许多情况下，尤其在小型组织内，可以由与受审核活动无责任关系的人员进行，以证实独立性”表明在一般情况下，特别是在人员少、部门少、分工不细的小型组织内，由“与受审核活动无责任关系的人员进行”内部审核即能够证实审核的“独立性”，不必强求审核员一定来自不同的部门，从而为小型组织的内部审核提供方便。

（3）外部审核包括第二方审核和第三方审核。第二方审核是由组织的相关方（如顾客或行业协会）或以相关方的名义（如以顾客或以行业协会的名义）对组织进行的审核。

第三方认证审核通常由依据管理体系标准要求提供符合性认证的认证机构的审核组实施，是由外部独立的，即独立于第一方和第二方之外的审核组织（如提供认证或注册服务的认证机构）对组织进行的审核。第三方认证审核既包括初次审核、监督审核和再认证审核，还可以包括特殊审核。

（4）联合审核、结合审核、一体化审核。

①两个或两个以上审核组织合作审核同一个客户，称作联合审核。“联合”是指两个或两个以上审核组织之间的联合，“联合审核”是指两个或两个以上审核组织一起审核，审核的对象是同一个受审核方。

②结合审核是指对两个体系一起进行审核。审核组织在目前所开展的这种审核采用的方式通常是将两个或两个以上管理体系一起进行审核，结合审核的程度取决于体系结合的程度。

结合审核的对象可以是知识产权管理体系和质量管理体系两个体系（也可以是三个以上的管理体系一起进行审核）。审核组织在目前所开展的这种审核依据的标准是两个独立的标准。

③一体化审核是一个客户已将两个或两个以上管理体系标准要求的应用整合在一个单一的管理体系中，并按照一个以上标准接受审核，称作一体化审核。

若几个审核组织合作，共同对同一个受审核方的两个（或两个以上）体系进行审核，既是联合审核，也是结合审核。如果受审核方已将两个或两个以上管理体系标准要求的应用整合在一个管理体系中，并按照一个以上标准接受审核，那就是联合审核加一体化审核加结合审核。

对组织的管理体系评价有三种形式：自我评价、内部审核、管理评审。管理评审是在组织机构内部、外部各种信息的基础上，对知识产权管理体系的适宜性、有效性、充分性所做的一种评价活动。管理评审由最高管理者来组织进行，并要作出正式评价。管理评审的内容包括知识产权方针、目标和知识产权管理体系的评审，评审带有全局性、整体性的重大问题，对组织的发展具有重大影响。管理评审的出发点是谋求知识产权方针、目标和知识产权管理体系对组织发展在较长时间内的适宜性。适宜性评审包括两个方面：一方面评审它们与组织外部环境、变化趋势等因素的适宜性；另一方面评审它们与组织内部资源、实力、环境等因素的适宜性。通过适宜性评审，发现确认组织重要的改进或发展机会、项目及措施。

二、第三方认证审核（third－party certification audit）（ISO/IEC 17021：2015 标准中 3.4）

【定义】

由独立于客户和用户的审核组织实施的、对客户的管理体系进行以认证为目的的审核。

注 1：在下面的定义中，第三方认证审核简称为“审核”。

注 2：第三方认证审核包括初次审核、监督审核和再认证审核，还可以包括特殊审核。

注 3：第三方认证审核通常由依据管理体系标准要求提供符合性认证的认证机构的审核组实施。

注 4：两个或两个以上审核组织合作审核同一个客户，称作联合审核。

注 5：一个客户同时按照两个或两个以上管理体系标准的要求接受审核，称作结合审核。

注 6：一个客户已将两个或两个以上管理体系标准要求的应用整合在

一个单一的管理体系中，并按照一个以上标准接受审核，称作一体化审核。

【理解要点】

第三方认证审核通常由依据管理体系标准要求提供符合性认证的认证机构的审核组实施，是由外部独立的，即独立于第一方和第二方之外的审核组织（如提供认证或注册服务的认证机构）对组织进行的审核。第三方认证审核既包括初次审核、监督审核和再认证审核，还可以包括特殊审核。

三、审核准则（audit criteria）（ISO 9000—2015 标准中 3.13.7）

【定义】

用于与客观证据（3.8.3）进行比较的一组方针（3.5.8）、程序（3.4.5）或要求（3.6.4）。

[源自：ISO 19011—2011：3.2 修订，术语“审核证据”已被“客观证据”替代]

【理解要点】

审核准则是审核的依据。

（1）审核准则的作用：审核工作的依据，作为与审核证据进行比较并判断其符合性的依据。针对一次具体的审核，审核准则应形成文件。

（2）审核准则的构成：可以是适用的方针、程序、标准、法律法规、要求、合同要求或行业规范等。

（3）不同类型或不同目的的审核，其审核准则不尽相同。例如，以知识产权管理体系认证注册为目的的第三方审核，其审核准则主要是知识产权管理体系规范、适用的有关知识权法律法规，如商标法、专利保护法等和受审核方的知识产权管理体系文件等；以选择合格供方为目的的第二方审核，其审核准则主要是合同要求；以评价其自身管理体系运行状况为目的的第一方审核，其审核准则主要是组织的管理体系方针、程序及适用的法律法规要求和管理体系要求等。

（4）关于合规性。如果审核准则是法律法规的要求，那么，在审核发现中会涉及是否符合法规的问题，“合规”或“不合规”就会用于对审核证据与审核准则对比后的评价。

四、审核证据（audit evidence）（ISO 9000—2015 标准中 3.13.8）

【定义】

与审核准则（3. 13. 7）有关并能够证实的记录、事实陈述或其他信息。

［源自：ISO 19011—2011：3. 3 修订，注已被删除］

【理解要点】

（1）审核证据可以来源于记录、事实陈述或其他信息。审核证据包括记录、事实陈述或其他信息，这些信息可以通过文件的方式（如各种记录）获取，也可以通过陈述的方式（如面谈）或通过现场观察的方式等获取。在审核过程中，审核员可以通过查阅文件和记录、与有关责任人员面谈、现场观察、实际测定等方式来获得所需要的信息。不能证实的或与审核准则无关的记录、事实陈述或其他信息不能够作为审核证据。

（2）作为审核证据的记录、事实陈述或其他信息应该与审核准则有关。审核员应收集与审核准则有关的记录、事实陈述或其他信息作为审核证据，与审核准则无关的记录、事实陈述或其他信息不能作为审核证据。例如，知识产权管理体系内部审核的审核准则中包括知识产权管理体系规范要求，但不包括食品安全管理体系要求，因此，与知识产权管理体系要求有关的信息可以作为审核证据，而与食品安全管理要求有关的信息就不能作为审核证据。

（3）作为审核证据的记录、事实陈述或其他信息应该是能够证实的，以确保审核证据的真实性、可靠性和客观性。在审核过程，虽然不要求也没必要对获得的每项信息进行逐一的证实，但应确保在需要时能够对这些信息进行证实，不能证实的信息不能作为审核证据。

（4）审核证据可以是定性或定量的信息。例如，人员的知识产权保护意识是定性的信息，也可以是定量的信息，如实施保护的专利数据。

五、审核发现（audit findings）（ISO 9000—2015 标准中 3.13.9）

【定义】

将收集的审核证据（3.13.8）对照审核准则（3.13.7）进行评价的结果。

注 1：审核发现表明符合（3.6.11）或不符合（3.6.9）。

注 2：审核发现可导致识别改进（3.3.1）的机会或记录良好实践。

注 3：在英语中，如果审核准则（3.13.7）选自法律要求（3.6.6）或法规要求（3.6.7），审核发现可被称为合规或不合规。

[源自：ISO 19011—2011：3.4 修订，注 3 已被修订]

【理解要点】

审核发现是评价的结果。评价的对象是收集的审核证据，评价的依据是审核准则，评价的结果可能符合审核准则，也可能不符合审核准则。当评价的目的是发现过程或活动中的改进需求时，审核发现能够指出改进的机会。

审核发现应实现与审核目的有关的结果，可引导识别受审核方改进的机会或记录良好实践。如果审核准则选自与知识产权有关的法规或其他要求，审核发现可表述为合规或不合规。

六、审核结论（audit conclusion）（ISO 9000—2015 标准中 3.13.10）

【定义】

考虑审核目标和所有审核发现（3.13.9）后得出的审核（3.13.1）结果。

[源自：ISO 19011—2011：3.5]

【理解要点】

（1）审核结论是在考虑审核的目的并综合分析所有审核发现（符合的和不符合的）的基础上作出的最终审核结果。由此可见，审核结论与审核目的和审核发现密切相关。审核发现是得出审核结论的基础，不同审核目的的审核其审核结论也不尽相同。例如，以识别改进需求的第一方审核，其审核结论是提出改进的建议；以认证注册为目的的第三方审核，其审核结论是提出是否推荐认证注册的建议。

（2）一次审核的审核结论不是由某一个审核员作出的，而是由审核组成员经过充分沟通和分析后，以审核组的名义作出的审核结果。

（3）审核准则、审核证据、审核发现和审核结论之间的关系。审核组通过实施审核来收集和验证与审核准则有关的信息以获得审核证据，并依据审核准则对审核证据进行评价以形成审核发现，在考虑审核目的并综合汇总分析所有审核发现的基础上作出审核结论。由此可见，审核准则是判断审核证据符合性的依据，审核证据是形成审核发现的基础，审核发现是作出审核结论的基础。

七、审核员（auditor）（ISO 9000—2015 标准中 3.13.15）

【定义】

实施审核（3.13.1）的人员。

［源自：ISO 19011—2011：3.8］

【理解要点】

审核员是在审核过程中担负审核任务的人员。

GB/T 19011—2013 标准第 7 章提供了有关管理体系审核员和审核组的能力和评价的指南。

不同目的和特征的审核对审核员的要求和条件不同。对于实施内部审核的内审员，没有强制性的资格要求。对于实施第三方认证审核的审核员，我国认证认可协会负责对人员注册资格的认定（确认）和管理，各认证机构实施具体的审核员的使用和能力的管理。

八、审核组（audit team）（ISO 9000—2015 标准中 3.13.14）

【定义】

实施审核（3.13.1）的一名或多名人员，需要时，由技术专家（3.13.16）提供支持。

注 1：审核组中的一名审核员（3.13.15）被指定为审核组长。

注 2：审核组可包括实习审核员。

[源自：ISO 19011—2011：3.9，修订]

【理解要点】

审核过程是以审核组为单元开展工作的，担负实施审核的任务。

实施审核的小组既可以是一个人，也可以是多人，但无论是一个人还是多个人，都是以审核组形式进行审核的。

审核组长一定是审核组中的一名审核员，若审核组中只有一名审核员，则该审核员就是审核组长。无论是由一个人组成的审核组还是由多名审核员组成的审核组，都必须由审核委托（派出）机构指定一名审核组长担负整个审核任务实施期间的审核组织、协调、管理、决策职能。审核组可包括实习审核员。实习审核员（auditors-in-training）是指正在培训和（或）正在学习中的审核员。因此，实习审核员的任务首先应是学习，在审核工作中接受培训，实习审核员不应在没有指导和帮助的情况下单独一人进行审核。

九、有效性（effectiveness）（ISO 9000—2015 标准中 3.7.11）

【定义】

完成策划的活动并得到策划结果的程度。

注：这是 ISO/IEC 导则，第 1 部分的 ISO 补充规定的附件 SL 中给出的 ISO 管理体系标准中的通用术语及核心定义之一。

【理解要点】

程度有“进度”之意，之前策划的活动完成了多少，完成的结果是否达到策划的目的都是有效性应关注的内容。

十、不合格/不符合（nonconformity）（ISO 9000—2015 标准中 3.6.9）

【定义】

未满足要求（3.6.4）。

注：这是ISO/IEC导则，第1部分的ISO补充规定的附件SL中给出的ISO管理体系标准中的通用术语及核心定义之一。

【理解要点】

产品、过程、活动未满足标准、管理体系的要求，即为不合格（不符合）。

十一、合格/符合（conformity）（ISO 9000—2015标准中3.6.11）

【定义】

满足要求（3.6.4）。

注1：在英语中，“conformance”与本词是同义的，但不赞成使用。在法语中，“compliance”也是同义的，但不赞成使用。

注2：这是ISO/IEC导则，第1部分的ISO补充规定的附件SL中给出的ISO管理体系标准中的通用术语及核心定义之一，最初的定义已经通过增加注1被改写。

【理解要点】

产品、过程、活动满足标准、管理体系的要求，即为合格（符合）。

十二、预防措施（preventive action）（ISO 9000—2015标准中3.12.1）

【定义】

为消除潜在不合格（3.6.9）或其他潜在不期望情况的原因所采取的措施。

注1：一个潜在不合格可以有若干个原因。

注2：采取预防措施是为了防止发生，而采取纠正措施（3.12.2）是为了防止再发生。

【理解要点】

潜在是存在于事物内部不容易被发现或发觉的，虽然这种不合格还未发生，但有可能发生。找到可能产生此种不合格的原因并将其消除，使不合格不发生，即为采取预防措施。

十三、纠正措施（corrective action）（ISO 9000—2015 标准中 3.12.2）

【定义】

为消除不合格（3.6.9）的原因并防止再发生所采取的措施。

注 1：一个不合格可以有若干个原因。

注 2：采取纠正措施是为了防止再发生，而采取预防措施（3.12.1）是为了防止发生。

注 3：这是 ISO/IEC 导则，第 1 部分的 ISO 补充规定的附件 SL 中给出的 ISO 管理体系标准中的通用术语及核心定义之一，最初的定义已经通过增加注 1 和注 2 被改写。

【理解要点】

不合格是未满足要求，可以理解为出现问题、产生错误，分析出现问题、错误的原因，将原因消除，防止不合格再次出现即为实施纠正措施。

十四、纠正（correction）（ISO 9000—2015 标准中 3.12.3）

【定义】

为消除已发现的不合格（3.6.9）所采取的措施。

注 1：纠正可与纠正措施（3.12.2）一起实施，或在其之前或之后实施。

注 2：返工（3.12.8）或降级（3.12.4）可作为纠正的示例。

【理解要点】

不合格是未满足要求，可以理解为出现问题、产生错误，将问题解决、改正错误即为消除不合格。

第二节　知识产权管理体系审核特点和类型

知识产权管理体系审核是审核的一种类型，是对知识产权管理体系进行评价的一种方法。

一、知识产权管理体系审核的特点

概括而言，知识产权管理体系审核主要有以下几个特点。

1. 被审核的知识产权管理体系必须是正规的

GB/T 29490 标准要求组织“建立知识产权管理体系，实施、运行并持续改进，保持其有效性，并形成文件”。只有建立了正规的知识产权管理体系并适当地形成文件，知识产权管理体系才能规范运作，才有对知识产权管理体系进行比较和评价的依据。因此，组织应建立正规、规范的知识产权管理体系，以确保知识产权管理体系的有效运行。建立并实施正规的知识产权管理体系是满足审核要求的必要条件。

2. 知识产权管理体系审核必须是正式的活动

知识产权管理体系审核的“正式”主要体现在以下几个方面。

（1）无论是内部审核还是外部审核，都需经过相关的管理者/委托方授权和批准才能进行，外部审核还需根据合同进行。

（2）知识产权管理体系审核有规范的程序和方法，从审核的启动、准备、实施和审核后续活动都有规范的程序和做法。

（3）审核工作通常应由经过培训且经资格认可的人员进行。

（4）审核过程应形成适当的文件，即审核计划、检查表和抽样计划、审核记录、不符合报告、审核报告等都要形成文件。

3. 知识产权管理体系审核必须具有客观性、独立性和系统性

审核的客观性、独立性和系统性是审核活动的三个核心原则。“客观性”是指审核员要以充分的审核证据为基础，公正、客观地进行评价，不能偏见、主观地给出审核结论。“独立性”是指审核员应与被审核的活动

无直接责任关系。在外部审核中，审核员应与受审核方无任何利益关系。在内部审核中，通常不能对本人所承担的工作进行审核。“系统性”是指审核员应按规定的审核准则、程序和方法，全面地审核和评价受审核方的知识产权管理体系的各项活动、过程和结果。

4. 知识产权管理体系审核是一个抽样检查的过程

由于时间和人员的限制以及知识产权管理体系运行的特点，要在规定的有限时间内完成审核范围内的审核工作只能采用抽样检查的方法。但任何抽样都存在风险，审核人员只有掌握正确的抽样方法，使抽样具备代表性，才能根据抽样审核的结果做出客观的评价。

二、知识产权管理体系审核的类型

知识产权管理体系审核按审核人员可分为第一方审核、第二方审核和第三方审核。第一方审核又称为“内部知识产权管理体系审核”，第二方审核和第三方审核也称为“外部知识产权管理体系审核”。

（一）第一方审核

1. 含义和作用

第一方审核是由一个组织的成员或其他人员以组织的名义对其自身知识产权管理体系进行的审核。它是组织建立的一种自我检查、自我完善的系统活动，可为有效地管理评审和纠正、预防或改进措施提供信息，也可作为组织向外界展示其知识产权管理体系符合性的基础。

2. 第一方审核的目的

（1）作为保持和改进知识产权管理体系的管理手段。知识产权管理体系是组织管理活动的一个方面，组织的管理者除了建立知识产权管理体系外，还要了解知识产权管理体系各方面的运作情况，针对偏离知识产权管理方针、目标的情况实施改进，以最终实现知识产权管理方针和目标。因此，组织需要有发现问题、自我完善和改进的机制，以全面系统地反映知识产权管理体系总体状况，为其提供决策所需的信息。知识产权管理体系内部审核是系统地检查和评定组织知识产权管理体系运行现状，发现问题并提出改进措施的一种有效的方法，组织可以通过内部审核来克服惰性，发现体系运行过程中存在的问题，为组织的管理者提供决策的依据，从而促进组织实施改进，提高知识产权获取、维护、保护和运用的有效性和效率，使组织的知识产权管理体系得以有效实施、保持和改进。

（2）第二方审核和第三方审核前的准备。组织顺利地通过第二方审核和第三方审核可以提高信誉、增强竞争能力、获得更好的社会效益和经济效益。因此，为了能够顺利地通过外部审核，许多组织在接受外部审核前通常会先进行内部审核，以确定组织的知识产权管理体系或其一部分与审核准则的符合程度，评价知识产权管理体系是否具有满足有关标准、要求、法律法规或合同要求的能力，发现存在的问题并及时进行改进，以保证能顺利通过外部审核。

3. 第一方审核的实施人

第一方审核可由本组织内经培训、资格认可并授权的内审员进行，也可由组织聘请的外部机构/人员以组织的名义进行。

（二）第二方审核

1. 含义和作用

第二方审核是由组织的相关方（如合作方、合伙人、组织供应链的上游或下游组织、投资人、并购重组方）或由其他人员以相关方（如行业组织、社会关注者、代理机构）的名义对组织的知识产权管理体系进行的审核。这种审核旨在提供对组织的信任、实力、管理能力的证据。

2. 第二方审核的目的

在不同情况下实施第二方审核，其审核目的可能不同。通常第二方审核的目的可包括以下几个方面。

（1）选择合适的组织作为供方或合作伙伴。随着世界各国对知识产权管理和保护的日趋重视，有关知识产权管理和保护方面的法律法规和要求也日趋完善，组织的相关方在选择适宜的组织作为供方或合作伙伴时，往往会对其供方或合作伙伴的知识产权管理体系提出要求，并依据知识产权管理体系标准和/或其他补充要求对组织的知识产权管理体系进行审核，以确定是否可以建立合作关系。通常情况下，重视知识产权管理体系并拥有良好知识产权管理绩效的组织会作为优先选择的对象。

（2）证实组织的知识产权管理体系是否持续满足规定的要求。在将组织作为供方或合作伙伴而建立合作关系后，为验证组织的知识产权管理体系是否正常运行并能持续满足要求，组织的相关方或其委托的审核人员对组织的知识产权管理体系进行审核，从而增强相关方对组织的知识产权管理体系和绩效的信心。

（3）促进组织改进知识产权管理绩效。组织的相关方通过对组织的知识产权管理体系审核，了解组织的知识产权管理体系的实施运行状况、提出知识产权管理体系中存在的问题、促进组织不断改进和完善知识产权管理体系以及不断提高组织的知识产权管理绩效，使双方建立更为密切的互利关系。

3. 第二方审核的实施人

第二方审核由组织的相关方（如顾客）委派的审核员或审核组实施审核。

（三）第三方审核

1. 含义和作用

第三方审核由是外部独立的审核组织（如认证机构、政府监管者）进行的审核。多数是为认证注册的目的而实施的认证审核。

2. 第三方审核的主要目的

（1）证实受审核方的知识产权管理体系与审核准则的符合程度。通过第三方审核，对受审核方的知识产权管理体系文件、策划、实施和运行状况进行审核，以证实受审核方的知识产权管理体系与审核准则（如 GB/T 29490 标准、适用的法律法规和其他要求、受审核方的知识产权管理体系文件的规定等）的符合程度。

（2）证实受审核方的知识产权管理体系实施运行的有效性。通过第三方审核，对受审核方的知识产权管理体系的实施运行效果进行审核，以证实受审核方控制其知识产权管理要求及其知识产权管理影响、改进知识产权管理绩效以及实现知识产权管理方针和目标的能力。

(3) 促使受审核方保持和改进知识产权管理体系。通过第三方审核(包括监督审核等)可以促使受审核方持续地按照审核准则的要求保持其知识产权管理体系的符合性和有效性，在审核中可以识别受审核方知识产权管理体系中存在的问题，并要求受审核方采取有效的改进措施，这可以促进受审核方不断改进和完善知识产权管理体系并提高知识产权管理绩效。

3. 第三方审核的实施人

第三方审核通常由具备注册资格的审核人员实施审核。

4. 第三方认证审核是知识产权管理体系认证中的主要活动

知识产权管理体系第三方认证审核是知识产权管理体系认证中的主要活动。按照知识产权管理体系认证审核的序列可分为：初次审核、监督审核、再认证。

第三节　知识产权管理体系认证审核的审核准则

知识产权管理体系认证审核的审核准则包括《企业知识产权管理规范》(GB/T 29490—2013)，受审核方现行有效的知识产权管理体系文件，受审核方的产品和活动是否符合适用的知识产权管理法律法规和其他要求，相关认证程序或规则等。

1.《企业知识产权管理规范》(GB/T 29490—2013)

《企业知识产权管理规范》(GB/T 29490—2013) 规定的知识产权管理体系要求是与知识产权管理体系直接相关的要求，是知识产权管理体系认证审核的最基本的审核准则。

2. 受审核方现行有效的知识产权管理体系文件

受审核方现行有效的知识产权管理体系文件规定的是受审核方对其知识产权管理体系的实施要求和/或具体实施方法，是衡量受审核方知识产权管理体系实施状况的准则。

3. 适用于受审核方的产品、活动和过程的知识产权管理法律法规和其他要求

受审核方的产品和活动是否符合适用的知识产权管理法律法规和其他要求是审核的重要内容，因此，与产品和活动有关的适用法律法规和其他要求也是审核准则之一。

4. 相关认证程序或规则（适用时，包括认证机构对知识产权管理体系标准的技术解释等）

认证程序和规则是审核组实施审核时必须遵循的要求，是衡量认证审核过程是否符合要求的准则。违反认证程序和规则的审核是无效的审核。因此，认证程序或规则也构成审核的准则。

有些认证机构为了保持不同审核员在实施认证审核时对标准解释和评价尺度的一致性，会提供对标准要求的技术解释供审核员参照，这种情况下，认证机构对知识产权管理标准的技术解释也是审核准则的一部分。

需要说明的是，以上四项审核准则中前三项是用以判断受审核方知识产权管理体系符合性和有效性的依据，第四项是判断审核组的审核活动和审核行为是否符合要求的依据。

第四节　文件评审

一、概述

文件评审是审核中的重要活动，并贯穿整个审核活动。

文件评审是对受审核方的知识产权管理体系文件进行的评审。文件评审分为现场审核准备阶段的文件评审和现场审核中的文件评审，文件评审应当考虑组织的规模、性质和复杂程度以及审核的目的和范围。文件评审贯穿审核的全过程，在完成对受审核方的知识产权管理体系审核的全部活动后，才能对知识产权管理体系文件的符合性作出最后的评价结论。

二、文件评审的时机

在审核准备阶段，通常在第一阶段现场审核前，对受审核方的知识产权管理体系文件进行评审。在有些情况下，如果不影响审核实施的有效性，文件评审也可以推迟到第一阶段现场审核活动开始。

文件审核应贯穿审核的各个阶段与时期，即在现场审核准备阶段和现场审核时都应进行文件审核。

三、文件审核的目的

1. 确定文件所描述的知识产权管理体系与审核准则的符合程度

受审核方的知识产权管理体系文件描述了该组织的知识产权管理方针、目标、知识产权管理体系的范围和主要要素及其相互作用，提供了策划、运行和控制涉及重要知识产权管理要求的过程的具体要求和实施方法。通过对文件中所描述的内容的评审，可以判断这些文件与审核准则（GB/T 29490 标准及适用的法律法规和其他要求）的符合程度。

2. 了解受审核方知识产权管理体系基本情况的信息，为现场审核做准备

通过对受审核方知识产权管理体系文件的评审，了解受审核方知识产权管理体系涉及的知识产权管理要求、产品、服务、过程、活动、职责、资源等方面的信息，为有效地策划和准备现场审核（包括编制合理可行的审核计划）提供依据。

四、文件评审人

文件评审通常由认证机构指定的此次审核的审核组长和审核员进行，有时也可以由认证机构指定的其他审核员进行，无论怎样，审核组长都应掌握文件评审的结果。

五、文件评审的依据

文件评审的依据主要包括以下几点。

（1）GB/T 29490 标准。

（2）适用的知识产权管理法律法规。

（3）其他要求。

六、文件评审的基本方法和步骤

（一）实施文件评审时审核员应该考虑的因素

文件中所提供的信息是否符合以下要求：

（1）完整（文件中包含所有期望的内容）。

（2）正确（内容符合 GB/T 29490 标准和法律法规等可靠的来源）。

（3）一致（文件本身以及与相关文件都是一致的）。

（4）现行有效（内容是最新的）。

（5）所评审的文件是否覆盖审核的范围并提供足够的信息来支持审核目标。

（6）依据审核方法确定的对信息和通信技术的利用，是否有助于审核的高效实施。应依据适用的数据保护法规对受审核方信息安全予以特别关注（特别是包含在文件中但在审核范围之外的信息）。

审核准备期间进行的文件审核主要应评审受审核方的相关管理体系文件，以达到以下目的：

（1）收集信息，如过程、职能方面的信息，以准备审核活动和适用的工作文件。

（2）了解体系文件范围和程度的概况以发现可能存在的差距。适用时，文件可包括管理体系文件和记录，以及以往的审核报告。文件评审应考虑受审核方知识产权管理体系和组织的规模、性质和复杂程度以及审核目标和范围。

注：文件评审可以表明受审核方知识产权管理体系文件控制的有效性。

现场审核期间进行的文件审核主要应评审受审核方的相关文件，以实现以下目标：

（1）确定文件所述的体系与审核准则的符合性。

（2）收集信息以支持审核活动。只要不影响审核实施的有效性，文件评审可以与其他审核活动相结合，并贯穿审核的全过程。

如果在审核计划所规定的时间框架内提供的文件不适宜、不充分，审核组长应告知审核方案管理人员和受审核方。应根据审核目标和范围决定审核是否继续进行或暂停，直到有关文件的问题得到解决。

七、知识产权管理体系文件评审方法

对知识产权管理体系文件进行评审的方法没有统一规定，实际工作中应按照各认证机构规定的方法实施文件评审。

（一）通常情况下，文件评审的基本方法和步骤

通常情况下，文件评审的基本方法和步骤可包括以下几个方面：

（1）了解受审核方的知识产权管理体系文件的架构。

（2）核实受审核方提交的知识产权管理体系文件是否为有效版本。

（3）依据 GB/T 29490 标准、适用的知识产权管理法律法规和其他要求，对描述受审核方知识产权管理方针、目标、知识产权管理体系范围和主要要素及其相互作用的文件（通常为知识产权管理体系手册）进行审查，评价其内容与标准和法律法规以及其他要求的符合程度。

（4）如果经评审认为上述知识产权管理体系文件提供的信息不充分，可请受审核方提供其他文件（如程序文件、知识产权管理要求清单、法律法规和其他要求清单等）进行评审。

（5）提出文件评审的意见和结论。

（二）文件评审的对象

文件评审的对象可以包括以下文件和资料：

（1）知识产权管理方针、目标和特定的管理方案（或计划措施）、知识产权管理要求及重要知识产权法律法规和其他要求清单。

（2）描述知识产权管理体系范围和主要要素及其相互作用的文件（如知识产权管理手册）、程序文件（至少包括 GB/T 29490 标准要求形成的文件化程序）、作业文件。例如，知识产权管理办法、规定，专利申请审批管

理办法、商标注册审批管理办法、著作权管理办法、知识产权风险控制与纠纷应对处理办法，专利申请、商标注册审批流程，专利权商标权转让、许可、投资、质押等审批流程，技术研究与开发活动知识产权管理流程，采购活动知识产权管理流程，生产活动知识产权管理流程，市场营销知识产权管理流程，技术、产品进出口知识产权管理流程、参展活动知识产权管理流程，职工合理化建议奖励办法，职务技术成果奖励办法等。

（3）审核组还可视情况收集以下资料：专利申请审批记录，商标注册记录，专利权商标权转让、许可、投资、质押记录，知识产权奖惩记录等。

GB/T 29490 标准中有 10 处提出对知识产权管理程序文件化要求，在对知识产权管理体系文件进行评审时，应将知识产权管理体系文件作为一个整体，依据受审核方知识产权管理体系文件的层次进行逐级审阅，评审各级文件中描述的内容与 GB/T 29490 标准、适用法律法规和其他要求的符合程度及文件之间的关联性。

对知识产权管理体系每一层次的文件进行审阅时，都应从文件内容的符合性、系统性和协调性等方面进行评审。

需要注意的是，知识产权管理体系文件的编制格式和形式没有统一的要求，文件评审时不应在格式和形式上做主观的评判。但是同一组织机构的各层次和类别的文件格式应有规定，应保持一致，以便管理。

不同层次或同一层次文件之间的检索与引用途径应明确。应关注受审核方知识产权管理体系文件的控制要求以及实施情况的符合性与效果。

（三）文件评审的内容

1. 对知识产权方针、目标的评审

对知识产权方针和目标进行评审时，通常应考虑以下几个方面的内容：

（1）知识产权方针是否与企业的经营发展相适应；包括与组织经营发展相适应的承诺，是否符合组织的战略发展和宗旨；是否适合组织的特点。

（2）知识产权方针是否符合相关法律和政策的要求；包括遵守适用法律法规和其他要求的承诺。

（3）目标是否符合知识产权方针的要求，是否可考核；是否能够成为全体员工在知识产权管理的统一方向。

（4）目标是否包括对持续改进和遵守适用法律法规和其他要求的承诺。

注：受审核方内部有关职能和层次上建立的目标可以在现场审核时进行评审。

2. 对描述知识产权管理体系范围和主要要素及其相互作用的文件（如知识产权手册）的评审

对描述知识产权管理体系范围和主要过程及其相互作用的文件进行评审时，通常应考虑以下几个方面的内容：

（1）是否清楚地阐明知识产权管理体系覆盖的范围。

（2）对知识产权管理体系主要过程的描述是否覆盖并符合 GB/T 29490 标准对这些过程的要求，其内容是否符合适用的法律法规和其他要求的规定，是否体现了要素之间的相互关系。

（3）是否清楚地描述知识产权管理方针、目标、知识产权基础管理（获取、维护、运用、保护、合同、保密）、运行控制（立项、研发、采购、生产、销售和售后）、审核和改进等有逻辑关系的要素之间的接口关系。

（4）是否阐明知识产权管理体系各个职能和层次的组织机构和职责。

（5）是否清楚地体现知识产权管理体系文件层次、结构、相互关系及相关文件查询途径。

3. 对程序文件的评审

对程序文件进行评审时，可考虑以下几个方面的内容：

（1）程序文件是否体现了 GB/T 29490 标准的要求，例如，知识产权获取、维护、运用、保护、合同、保密的基础管理；立项、研发、采购、生产、销售和售后的运行控制；审核和改进等建立并保持程序的要素，这些程序文件的内容是否满足标准对这些要素的要求。

（2）每一个程序文件是否清楚地阐明该程序的目的、适用范围、职责、要求和实施方法等内容，其内容是否覆盖其适用范围，是否具有可操作性和适宜性。

(3) 在运行控制程序中是否明确地规定了运行准则、途径和职责。

(4) 有相关联系的程序文件之间，其内容和接口是否清楚并协调一致。

(5) 程序文件与其他相关文件（如作业文件、表格等）是否协调一致。

八、文件评审的意见和结论

文件评审人通过对文件内容的评审来判断受审核方知识产权管理体系文件与 GB/T 29490 标准、适用的知识产权管理法律法规（如专利法、著作权法等）和其他要求的符合程度。如果经评审发现受审核方的知识产权管理体系文件有不符合、不适宜、不充分的情况，例如，与 GB/T 29490 标准的要求不符合；文件规定与受审核方实际情况或行业惯例明显不一致；文件内容对知识产权管理体系的描述不充分、不适宜（如照抄标准等）；等等。文件评审人应将这些情况通知受审核方、认证机构负责管理审核方案的人员，并根据这些问题的严重程度以及可能给现场审核带来的风险，确定是继续下一步审核活动，还是暂停审核活动直至问题得以解决，必要时，应暂缓认证审核的进程，直至问题得到有效解决。

在实际审核中，文件评审的评审意见和结果通常需要形成书面文件（如文件评审报告），写明在评审时发现的受审核方知识产权管理体系文件中存在的问题，以便受审核方对文件进行适当修改。需要注意的是，文件评审意见通常只需指出文件中存在的问题，而不应提供如何修改文件的建议，更不能代替受审核方修改文件。

知识产权管理体系认证审核中，文件评审的结论通常分为“符合”“局部不符合”和“不符合”三种。需要说明的是，本书中对文件评审结论的表述方法不是唯一的，各认证机构可能会有不同的表述方式。

如果文件评审的结论为“符合”，则可以进行下一步的审核工作。如果文件评审的结论为“局部不符合”，通常要求受审核方根据文件评审报告中提出的问题在规定期限内对文件进行修改，修改的内容可以在第一阶段现场审核前或现场审核中进行验证。如果文件评审的结论为“不符合”，可以停止下一步的审核工作，待问题得到解决后再继续审核工作。

九、文件评审报告

审核组组长或其他审核员对受审核方的知识产权管理体系文件进行初步审核后，通常会将文件评审的情况形成文件评审报告。文件评审报告的格式没有统一规定，各认证机构通常会设计适宜的格式以供使用。表 1-1 提供了一个文件评审报告的示例，仅供参阅。

表 1-1　知识产权管理体系文件评审报告（示例）

表号：知识产权-2014-015　　　　第 1 页　共 1 页

受审核方	北京××公司		
审核文件名称/编号/版本状态	知识产权管理体系手册 Z-SC-001 第 1 版 知识产权管理体系程序文件 Z-CX-001-013 第 1 版		
文件评审中不符合描述			
序号	文件名称/章节/条款/内容	GB/T 29490 条款号	问题说明
1	知识产权管理体系手册 5. 1 知识产权管理承诺	5. 1	未明确规定对知识产权管理职责和权限确保有效沟通的管理
2	知识产权管理体系手册 5. 3. 3 法律法规和其他要求控制程序	5. 3. 3	未对“及时更新有关法律法规和其他要求的信息”中如何及时更新作出明确的规定
3	知识产权管理体系手册 4. 2 外来文件与记录控制程序	4. 2. 4	未对与外部相关方文件的接收和发放作出具体规定
审核结论：局部不符合 审核员及日期：刘平 2014-4-15　　受审核方代表及日期：×××2014-04-18			
验证情况：经验证，文件已修改并基本符合要求，可以进行现场审核。 验证人及日期：刘平 2014 年 4 月 28 日			

第五节　检查表和抽样

检查表是审核员对所接受的审核任务的具体策划形成的文件，检查表中通常包括抽样计划。检查表和抽样计划是审核员对具体的审核任务进行策划后形成的文件，描述了具体的审核内容、抽样计划、审核路线和方法，是审核员的工作提纲和参考文件。

检查表（含抽样计划）应由审核员按审核任务分工分别编制，审核组组长应对全部检查表（含抽样计划）进行审查并总体协调。

一、检查表的作用

检查表具有以下几项主要作用。

（1）保持审核目的的清晰和明确。审核员在对具体审核任务进行策划时应始终围绕审核目的展开，编制检查表的内容也是为了实现审核目的，因此，参照检查表进行审核可避免偏离审核的目的和主题，检查表可起到提醒和参照的作用。

（2）保持审核内容的周密和完整。由于审核的内容会涉及多个部门、场所、活动和过程，单凭审核员的经验或记忆难免会有遗漏之处，如果审核员能够在现场审核前通过对所承担的审核任务进行策划，将需要审核的内容全面地体现在检查表中，就可以在现场审核时确保审核内容的周密和完整。

（3）保持审核路线的清晰和逻辑性。审核员要在有限的时间内有效地完成审核任务，这就要求审核员在策划、编制检查表时，充分考虑到审核任务中有关联的审核活动及其逻辑顺序，以确定合理的审核路线，因此，检查表可以帮助审核员保持审核路线的清晰和逻辑。

（4）保持审核时间和节奏的合理性。审核过程是一项高节奏而紧张的活动，由于审核时间的限制，不允许在某一场所或部门逗留过长时间，因此，审核员会根据审核活动的重要性和工作量安排合理的时间，并将要审核的内容列成检查表，这样有助于保持审核时间和节奏的合理性。

（5）保持审核方法的合理性，减少审核员的偏见和随意性。审核员会针对审核内容的特点，策划合理的审核方法（包括抽样计划），以便于现场审核时有效地收集审核证据。另外，事先编制好检查表后再按检查表进行审核，可以减少由于审核员的特长、兴趣偏好或情绪等因素而对审核的公正性和客观性造成的不良影响，减少可能出现的偏见和随意性。

二、检查表的主要内容

检查表的内容主要是依据审核准则，列出“审核项目和要点”和“审核步骤和方法”，除此之外，检查表的内容还可包括受审核部门、审核时间、审核员、审核记录等。

检查表可以包括以下主要内容。

1. 审核项目和要点（“查什么”）

（1）依据审核准则逐项列出审核的项目和要点。

（2）注意审核项目和要点的逻辑顺序。例如，按部门审核时，可考虑按照部门的职责—知识产权管理文件—知识产权管理方针—目标—基础管理—实施和运行控制—审核和改进等逻辑顺序列出审核的项目和要点；例如，按要素审核时，可考虑按照该要素的控制职责—策划—实施—控制—监控—改进等逻辑顺序列出审核的项目和要点。

2. 审核步骤和方法（“怎么查”，包括抽样计划）

（1）列出“去哪查”，即去哪个部门、哪个区域检查。

（2）列出“找谁查”，即找哪些人面谈。

（3）列出“如何查”，即要查阅哪些文件、资料、记录等证据，现场观察哪些具体活动和过程的实施状况或需要实际测定哪些特性指标等。

三、抽样

抽样是审核的基本方法。在审核过程中，如果检查所有可获得的信息不实际或不经济，则需进行审核抽样，例如，记录太过庞大或地域分布太过分散，以至于无法对总体中的每个项目进行检查。为了对总体形成结论，对总体进行审核抽样，就是在全部数据（总体）中，选择小于100%数量的项目以获取并评价总体某些特征的证据。

因此，由于审核时间的限制，审核员通常不可能检查到审核范围内所有的活动、过程、文件和人员，而只能通过选取适当的、足够的样本来证实相应的审核对象是否符合要求，然而抽样是具有一定局限和风险的，通过抽样发现不符合并不能表示审核对象都不符合，在样本中没有发现不符合也并不能表示完全不存在问题。为了降低抽样的局限和风险，就要求审核员应该通过精心地策划，选定适当的信息作为样本，并抽取具有代表性的、足够的样本，以全面、客观地反映被审核对象的实际状况，保证审核的系统性和完整性。

GB/T 19011—2013标准给出了抽样的方案，具体规定如下。

（一）抽样总则

审核抽样的目的是提供信息，以使审核员确信能够实现审核目标。抽样的风险是从总体中抽取的样本也许不具有代表性，从而可能导致审核员的结论出现偏差，与对总体进行全面检查的结果不一致。其他风险可能源于抽样总体内部的变异和所选择的抽样方法。

典型的审核抽样包括以下步骤：

（1）明确抽样方案的目标。

（2）选择抽样总体的范围和组成。

（3）选择抽样方法。

（4）确定样本量。

（5）进行抽样活动。

（6）收集、评价和报告结果并形成文件。

抽样时，应考虑可用数据的质量，因为抽样数量不足或数据不准确将不能提供有用的结果。应根据抽样方法和所要求的数据类型（如为了推断出特定行为模式或得出对总体的推论）选择适当的样本。对样本的报告应考虑样本量、选择的方法以及基于这些样本和一定置信水平做出的估计。

审核可以采用判断抽样或者统计抽样。

（二）判断抽样

判断抽样依赖于审核组的知识、技能和经验。对于判断抽样，可以考虑以下方面：

（1）在审核范围内的以前的审核经验。

（2）实现审核目标要求的复杂性（包括法律法规要求）。

（3）组织的过程和管理体系要素的复杂性及其相互作用。

（4）技术、人员因素或管理体系的变化程度。

（5）以前识别的关键风险领域和改进的领域。

（6）管理体系监视的结果。

判断抽样的缺点是，可能无法对审核发现和审核结论的不确定性进行统计。

（三）统计抽样

如果决定要使用统计抽样，抽样方案应基于审核目标和抽样总体的特征。

（1）统计抽样设计使用一种基于概率论的样本选择过程。当每个样本只有两种可能的结果时（例如，正确或错误，通过或不通过）使用计数抽样。当样本的结果是连续值时使用计量抽样。

（2）抽样方案应当考虑检查的结果是计数的还是计量的。例如，当要评价完成的表格与程序规定的要求的符合性时，可以使用计数抽样。当调查食品安全事件或安全漏洞的数量时，计量抽样可能更合适。

（3）影响审核抽样方案的关键因素是：①组织的规模；②胜任的审核员的数量；③一年中审核的频次；④单次审核时间；⑤外部所要求的置信水平。

当制订统计抽样方案时，审核员能够接受的抽样风险水平是一个重要的考虑因素，这通常称为可接受的置信水平。例如，5%的抽样风险对应95%的置信水平。5%的抽样风险意味着审核员能够接受被检查的100个样本中有5个（或20个中有1个）不能反映其真值，该真值通过检查总体样本得出。

（4）当使用统计抽样时，审核员应适当描述工作情况，并形成文件。这应包括抽样总体的描述，用于评价的抽样准则（例如，什么是可接受的样本），使用的统计参数和方法，评价的样本数量以及获得的结果。

由于审核是一个抽样调查的过程，因此，审核员在编制检查表时就需要策划抽样计划。审核员在编制检查表时，通常审核的对象和总体是比较明确的，但是总体量的多少尚不能确定，只能估算，因此，在检查表中列出的抽样量通常也是估算的结果，一般不会十分确定，例如，“抽 3~5 份文件查文件在发布前经过批准的证据”。只有到现场审核时，审核员才能知道审核对象的实际情况和总体量的多少，才能确定具体的样本和抽样量的多少，并采用随机抽样的方法，抽取足够数量的具有代表性的样本。

（四）随机抽样

随机抽样是指在一个母体中的所有子样被抽取的概率是相同的抽样。要做到随机抽样，使抽取的样本具有代表性并保证足够的样本量，应注意以下几个方面的问题。

1. 明确抽样的对象和总体

抽样的对象和总体通常是由审核内容决定的。例如，审核内容是“文件和资料控制情况”，则抽样的对象和总体是与知识产权管理体系文件控制有关的所有文件、人员和控制活动以及文件控制的有关程序和记录等。

2. 保证抽取足够数量的样本

抽取足够数量的样本是降低抽样风险的重要保证，抽取的样本太少或太多都是不合适的。在实际审核中，通常抽取的样本量为 3~13 个。针对一个具体的审核对象的抽样量而言，其样本量的多少通常与该审核对象的总体量的多少有直接关系，一般情况下，总体量多的，抽取的样本量就会相对多一些；另外，样本量的多少还受到审核时间的影响，审核时间充分则抽取的样本量可能较多。

在现场审核中，审核员通常会依据检查表中策划的抽样计划进行抽样。但是当抽取的样本有不符合时，为了减少审核的风险，可以考虑适当增加抽样量，以确认所发现的不符合是属于偶然的个别问题，还是系统性问题。

3. 做到分层抽样

在策划抽样计划时，应充分考虑到受审核方知识产权管理体系不同层面上产生的信息，因此，审核员可以按知识产权管理要求及其产品（业务）、活动、过程、设备、生产线、岗位、场所、时间或记录等进行分层抽样。

4. 抽取的样本量应适度均衡

在策划和实际抽样过程中，虽然可以针对具有不同重要性的部门或活动抽取不同数量的样本，但应避免在一个部门或活动中抽样过多，而另一个部门或活动中抽样过少，应保持抽样量的相对均衡。

5. 审核员应亲自抽样

在现场审核中，审核员应坚持亲自选取样本，而不应让受审核方“随意”挑选几个样本供审核员检查。

6. 审核员应相信抽取的样本

虽然抽样调查的方式存在一定的不确定因素（例如，抽取的样本符合要求并不代表整个审核对象都不存在问题），但是，审核员仍应对抽取的样本及抽样调查的结果有信心。有的审核员按选定的样本调查后没有发现不符合，就对样本产生怀疑，认为样本选得不对或数量太少，于是一次又一次地扩大样本的数量，直到发现不符合，这是一种不正确的审核态度。审核寻找的是审核证据，而不是寻找不符合项。如果抽取的样本是符合审核准则的证据，就应该相信抽样调查的结果是符合要求的，如果抽取的样本是不符合审核准则的证据，就可以认为这一项不符合或进一步核查，这才是正确的审核态度。

当然，审核员在抽样审核时，如果在抽取的样本中发现一些问题的线索，可以适当扩大抽样，以便将问题调查清楚。

在知识产权管理体系认证审核的初次审核时，审核范围内的知识产权管理体系要素、不同性质的场所、职能部门、活动和过程是不能抽样的，均是必须审核的。

四、编制检查表的方法和要点

编制检查表是一项技术性较强的工作，是每位审核员必须掌握的一项基本技能。编制一份指导性较好的检查表，对审核员的现场审核工作是很有帮助的。审核员在编制检查表时通常可以遵循以下方法和要点。

（1）依据审核准则编制检查表。在编制检查表之前，审核员应认真阅读受审核方的知识产权管理体系文件，了解受审核部门或要素涉及的活动特点和体系文件对该部门或要素的各项要求和规定，了解受审核部门可能存在的知识产权管理要求，查阅有关的法律法规和标准、文件对有关活动的知识产权管理体系要求。在此基础上，依据这些审核准则的要求来编制检查表。

（2）按部门/场所编制检查表时，应重点列出在该部门/场所需要审核哪些主要要素的审核内容和审核方法。

（3）按要素编制的检查表，应重点列出到哪些与该要素有关的主要部门/场所的审核内容和审核方法。

（4）检查表中列出的审核内容（审核项目和要点）应体现审核的具体思路、审核路线和 PDCA 循环，具有一定逻辑性。

例如，按部门审核时，可考虑依照部门的职责—知识产权管理要求—知识产权管理影响—目标指标—控制措施—运行控制—监测—改进等逻辑顺序列出审核的内容。

（5）检查表应列出的审核步骤和方法，应明确“去哪查”（如去哪个部门或哪个区域）、“找谁查”（如找哪些人面谈）、“如何查”（如查哪些文件、资料、记录，到现场观察什么或需要实际测量些什么）。

（6）检查表中所策划的抽样计划应具有代表性并保证足够的样本量，以明确需要获得的审核证据。

（7）无论是按部门或按要素编制检查表，均应突出拟审核部门的主要职能或要素的主要特点。

（8）编制检查表时应考虑审核员的经验和知识等，通常不熟练的审核员需要编制较详细的检查表。

五、检查表的使用

检查表通常是审核员在实施现场审核之前编制的，有了检查表，虽然可以使审核工作按计划有序地进行，但是如果不能恰当地使用检查表，也容易给审核带来一定的风险和局限。因此，在使用检查表时应注意以下方面的问题。

（1）检查表的使用不应限制现场审核活动的内容，应灵活地使用检查表以达到审核目的。由于在现场审核过程中，审核活动的内容会随着审核中收集的证据和调查的结果发生变化，而这些审核实际情况可能会表明必须进行超出检查表的审核活动或调查才能完全达到审核目的，在此情况下，如果审核员一味遵循检查表的内容实施审核而不考虑现场审核的实际情况，就可能使审核活动的内容不全面、不客观，从而增加审核的风险。因此，在现场审核过程中，如果发现未列入检查表的情况或线索，可以根据具体情况和需要对检查表进行适当的修改、调整和补充，而不要过于局限于检查表，但也不应完全抛开检查表进行“随心所欲”式的审核。

（2）检查表是审核员的工作文件，没必要向受审核方披露。

（3）在审核过程中，应避免按检查表中所列的问题一个个按顺序宣读而变成我问你答的形式，应综合运用面谈、观察、查阅记录、核实、追踪等方法来审核检查表中的审核内容。

六、检查表的示例

检查表的类型和形式可以多种多样，没有统一固定的格式，只要它能满足审核过程的需要，并能有效地包括全部审核活动就可以接受。各认证机构通常会提供检查表的表式。表 1–2 给出了按部门审核的检查表的示例，表 1–3 给出了按要素的检查表的示例，仅供参阅。

表 1-2　人力资源部按部门审核检查表（示例）

受审核部门	人力资源部 5.2，5.4.2，5.3.2，4.2.2/3，6.1		
审核员	××	审核日期	2015 年 5 月 22 日

序号	审核内容	要素	审核方法
1	知识产权管理职责和资源 部门员工对组织知识产权方针的理解与实施 部门与岗位的目标设置、实施 部门 IP 文件制定、管理、使用	5.4.2 5.2 5.3.2 4.2.2/3	1. 人力资源部负责人介绍本部门的知识产权管理职责、人员配备和分工、设施设备、技术技能及其状况。抽查人力资源部知识产权有关人员的岗位职责，接受知识产权管理的培训效果。抽查与知识产权关系密切人员档案管理情况是否符合要求。 2. 抽查 1~2 名员工，询问对组织的方针的理解，与本职工作的关系，评价能否在人力部门确保方针实现： ——在企业内部得到有效运行； ——得到全体员工的理解。 3. 询问部门负责人部门的知识产权目标内容，与组织目标之间的关联，与方针的关系，查本年度部门目标实现的措施、方案，查目标实现的趋势和存在问题。 4. 查人力资源部有关知识产权管理的文件结构（重点是人力资源管理），文件内容与标准的符合性、适宜性；文件管理情况；记录管理情况；外来文件（含法规和政策）的管理和应用情况
2	知识产权工作人员	6.1.1	1. 向负责人了解哪些是具有对知识产权管理影响工作的人员，对这些人员的能力要求是什么，任职条件是什么，并了解对这些人员进行培训的情况。 2. 抽选 2~3 个可能会产生知识产权管理影响的工作岗位，现场观察操作人员的工作状况，询问他们是否了解本岗位的知识产权管理影响、工作职责、要求和方法
3	知识产权管理教育与培训管理	6.1.2	1. 向人员教育与培训岗位负责人了解知识产权培训管理要求的识别和评价情况。 2. 检查组织开展知识产权教育培训情况： a）检查如何确定知识产权培训需求，如何规定知识产权工作人员的教育培训要求，抽取 2014（或 2015）年制订的培训计划，查是否符合需求和要求，查自体系运行以来的培训执行记录是否符合计划安排； b）检查组织对全体员工按业务领域和岗位要求进行的知识产权培训情况，抽取 2~4 份涉及知识产权不同岗位人员培训记录，查覆盖范围是否全面； c）检查组织对中、高层管理人员进行的知识产权培训情况，检查覆盖范围是否全面，培训内容是否有针对性，是否有效进行，抽取 1~2 名高管的培训记录； d）检查组织如何对研究开发等与知识产权关系密切的岗位人员的识别是否合理、充分，查覆盖范围是否全面，培训内容是否有针对性，查如何进行知识产权培训，是否有效进行，抽查 2~3 份研究开发人员培训记录
4	人事合同管理	6.1.3	1. 询问和查阅管理文件，对劳动合同中的知识产权的管理规定是否符合公司的知识产权方针、目标和相关管理要求。 2. 检查组织是否能够通过劳动合同、劳务合同等方式对员工进行管理，约定知识产权权属、保密条款；抽查与知识产权密切相关的研发人员、生产人员 1~2 份，外贸人员（如果有）1~2 份，企业重组人员（如果有）1~2 份，投融资人员（如果有）1~2 份劳动合同，查相关条款的内容是否符合要求。 3. 查是否在相关的人事管理中明确了发明创造人员享有的权利和负有的义务；是否在必要时约定了竞业限制和补偿条款。抽查 2~3 份证明文件或记录

续表

序号	审核内容	要素	审核方法
5	入职管理	6.1.4	1. 抽查2~3名新入职员工的档案，查是否进行适当的知识产权背景调查，是否能够避免侵犯他人知识产权。 2. 抽查1~2名新入职研究开发等与知识产权关系密切的岗位人员，是否按要求签署了知识产权声明文件。 3. 查组织如何通过制度保障上述要求的
6	离职管理	6.1.5	1. 抽查2~3名离职职员的档案，查是否进行了适当的对离职的员工进行相应的知识产权事项提醒。 2. 抽查1~2名涉及核心知识产权的员工离职时，所签署离职知识产权协议或执行竞业限制协议，是否能够确保组织的知识产权受到不被侵权的保护。 3. 查组织如何通过制度保障上述要求的
7	激励管理	6.1.6	请负责人介绍如何明确员工知识产权创造、保护和运用的奖励和报酬；通过何种途径明确员工造成知识产权损失的责任。 如有规定，请其提供相应的控制程序，抽查程序的内容是否充分适宜？询问负责人如何将有关的程序和要求落实？请其提供证据，抽查3~5份创造、保护和运用的奖励和报酬记录

表1-3 按要素检查表（文件控制）

标准章节号	检查内容	备注
4.2.2 文件控制 知识产权管理体系文件是企业实施知识产权管理的依据，应确保： 1）发布前经过审核和批准，修订后再发布前重新审核和批准； 2）文件中的相关要求明确； 3）按文件类别、秘密级别进行管理； 4）易于识别、取用和阅读； 5）对因特定目的需要保留的失效文件予以标记	1. 在知识产权文件主管部门查：公司是否建立了知识产权文件管理控制程序？查控制程序的规定是否符合标准要求？查程序文件的适宜性、可操作性？ 2. 知识产权管理体系文件在发放前是否都经批准？抽查2份文件公司对文件的批准是如何规定的，如何实施的。 3. 公司是否对文件的评审、修改和更新有规定？抽查知识产权管理机构3份修改更新的文件是否有重新经授权人批准？询问授权批准人对重大修改重新批准的依据是什么？如何防范修改的风险？查2~3份文件修改后的发放和收回控制，有无遗漏。 4. 抽查1~2个与知识产权管理有重要关系的部门（如采购、销售、研发、生产），看对公司知识产权文件的制定、编写、会审、使用、保存等管理是否清楚知道公司的规定，是否按规定实施了。各部门对职责范围内文件的管理方式是如何规定的？是否专人管理？文件存放、使用是否符合规定要求。 5. 抽查进行过文件更改的3~5份文件，看是否能识别文件更改和现行修订状态。 6. 文件是否有发放和领用的管理？查公司对文件发放范围如何规定？在主管部门查文件发放登记表。是否有文件的发放和领用部门和领用人的签字。 7. 文件使用部门和个人是否按要求保持清晰，易于识别和查找？抽查2个与知识产权关系密切的部门，如生产部、采购部的文件状况和应用。 8. 公司使用的文件是否有使用复印文件的现象？如何进行控制管理。 9. 查如何进行文件分类、分级？到知识产权文件管理部门，例如，档案室、办公室查文件分类、分级管理现状。 1）知识产权文件分级的依据或准则是什么？ 2）公司现有的文件如何实施文件分类、分级，抽查不同类别分级的文件2~3份是否合理，符合公司规定。 3）到文件管理部门查保密文件的储存、借阅、发放、作废的控制，查保密文件存放的环境、设施是否安全？人员是否经过认可，管理制度是否健全和得到有效实施。到文件使用部门（研发、生产）查文件是否按文件分级要求实施控制。抽查保密文件的标识、存放、使用、借阅等管理是否符合要求。 10. 查作废文件如何控制？在文件管理部门查作废文件的管理规定和近期作废的文件管理。到文件使用部门、研发部、市场部查作废文件实际管理状况，对因特定目的需要保留的失效文件如何进行标记，是否能够防止非预期使用。 11. 公司如果使用电子文件方式进行管理，则参照上述思路，进行如下审核： 1）查文件的线上审批流程、权限设置及实施情况。 2）抽查电子文件查询路径的设置是否合理、方便使用，查使用和查阅的权限设置要求与实施情况。查公司涉及知识产权文件信息安全的控制措施和实施情况。 3）抽查电子文件修订的规定、实施情况、修订状态的标识。 4）抽查文件作废的控制	

第六节　审核程序与实施

一、首次会议

1. 概述

首次会议是现场审核活动的序幕，是审核组与受审核方高层管理人员见面和介绍现场审核活动的第一次会议，标志着现场审核活动的正式开始。审核组成员应以恰当的言谈举止开始审核活动。

首次会议通常在正式实施现场审核前召开。审核组成员和受审核方管理层人员参加首次会次，需要时，受审核的职能部门或区域的负责人也可以参加首次会议。

首次会议由审核组长主持，会议应按审核计划中约定的时间按时召开。首次会议应简短、明了，一般 30 分钟左右，与会人员应签到，审核组应保留签到记录。首次会议的气氛应融洽、坦率、透明和正规。

2. 首次会议的目的

（1）确认审核计划。

（2）简要介绍实施审核活动的方法和程序。

（3）确认审核中的沟通渠道。

（4）向受审核方提供询问的机会等。

3. 首次会议的内容和程序

首次会议的内容和程序如下，在实际审核中可以根据具体情况进行调整或适当简化。

（1）人员介绍。

审核组长介绍审核组成员并说明他们在审核中各自承担的主要职责；受审核方代表介绍与会的管理层成员及其职务。

（2）确认审核目的、范围和准则。

审核组长应在首次会议上申明此次审核的目的和范围等基本信息，说明为什么要进行审核及要达到的目的，以及此次审核所覆盖的部门/场所、现场、活动和要素等。

审核组组长应说明审核所依据的审核准则（如 GB/T 29490—2013 标准、适用的法律法规和其他要求、受审核方的知识产权管理体系文件、认证规则和程序等），并确认受审核方提供的知识产权管理体系文件是否为现行有效版本。

审核的目的、范围和准则应再次得到受审核方的确认。如受审核方对有关内容不理解，审核组组长应予以澄清和说明；如受审核方对有关内容提出变更的要求（如扩大或缩小审核范围等），审核组组长应在与受审核方充分沟通的前提下，将有关变更的要求及时告知认证机构，在经过认证机构评审和批准的情况，可进行适当变更和调整。

（3）与受审核方确认审核日程及其他相关安排。

审核组组长应简要说明审核的日程安排及其他相关的安排（如与受审核方管理层之间的沟通渠道和安排、末次会议的日期和时间等），请受审核方确认这些安排的可行性。如果因特殊情况需要对这些安排进行变更时（如受审核方提出合理的变更要求），审核组组长可以对审核计划进行适当调整。

（4）介绍审核的方法和程序。

审核组组长应简要介绍审核组实施审核的方法和程序。审核的基本方法是抽样，审核组成员会通过面谈、查阅有关文件和记录、现场观察、需要时实际测量等方式收集与审核准则有关的审核证据，审核组成员收集的审核证据是建立在可获得的信息样本的基础上的，因此，审核中会存在不确定因素，有一定的局限性。

审核组组长还应介绍审核的程序，说明不符合项的记录、报告和确认方法（包括不符合项的分级），以及审核结论的种类。

审核组组长应强调审核的公正性和客观性，说明审核组将尊重客观事实，在审核中不提供咨询，并请受审核方予以配合和支持。

（5）说明审核中与受审核方的沟通和可能终止审核的有关条件的

信息。

审核组组长应说明审核中将及时地向受审核方报告审核的进展情况，向受审核方说明可能导致终止审核的有关条件和因素，说明当审核组获得的审核证据表明不能达到审核目的时，审核组组长将会及时与受审核方和认证机构报告理由，并协商确定适当的措施。

(6) 确认向导及其作用和职责，落实审核所需的资源和设施。

审核组组长应确认受审核方为审核组指派的向导，并说明向导的作用和职责；落实审核组所需的办公场所、交通、可能需要的设施设备及食宿安排等事宜的安排。

(7) 确认对审核活动的限制条件和相关要求。

请受审核方说明对审核组及审核活动的限制条件和相关要求（如审核中不能或在限制条件下才能进入的清洁区、保密区、危险区等），说明审核员在现场审核时应注意的安全事项和应遵守的规章制度和要求等。

(8) 确认有关保密事宜。

审核组组长应代表审核组申明审核人员的保密守则，说明审核组将保守受审核方的技术、管理和经营诀窍以及本次审核的有关信息方面的秘密。

(9) 说明对审核的实施和结果的申诉渠道。

审核组组长应说明，如果受审核方对审核组实施的审核活动和作出的审核结果有疑异或不接受审核组作出的评价或审核结论，可以向认证机构进行申诉，并告知申诉渠道和方法。

(10) 需要时，请受审核方高层管理者代表简单致辞。

受审核方高层管理者代表扼要介绍实施知识产权管理体系的过程和绩效，代表受审核方表态并要求各部门积极参与和配合审核组工作。通过受审核方代表的讲话，初步营造轻松、和谐、融洽的气氛。

(11) 确认其他有关问题，并澄清疑问。

审核组组长还可就与审核有关的其他问题进行确认（如审核所使用的语言等），并对受审核方有疑问的问题予以澄清。

(12) 结束会议。

审核组组长在确认有关问题全部明确或澄清后，应向受审核方表示谢意，结束首次会议。

第一阶段现场审核开始的首次会议可以根据实际情况简化上述程序。

二、现场审核

（一）概述

现场审核是使用抽样检查的方法，收集并验证与审核目的、范围和准则有关的信息，从而获得审核证据的过程。现场审核在整个审核工作中占有非常重要的地位，审核发现以及最终的审核结论都是依据现场审核的结果得出的，因此，在现场审核过程中运用适宜的审核方法收集并验证信息，获得能够证实的审核证据是成功审核的关键。在这个过程中，审核员的个人素质和审核技能可以得到充分发挥并将对审核结果起到重要作用。

图 1-1 展示了从收集信息到得出审核结论的过程。

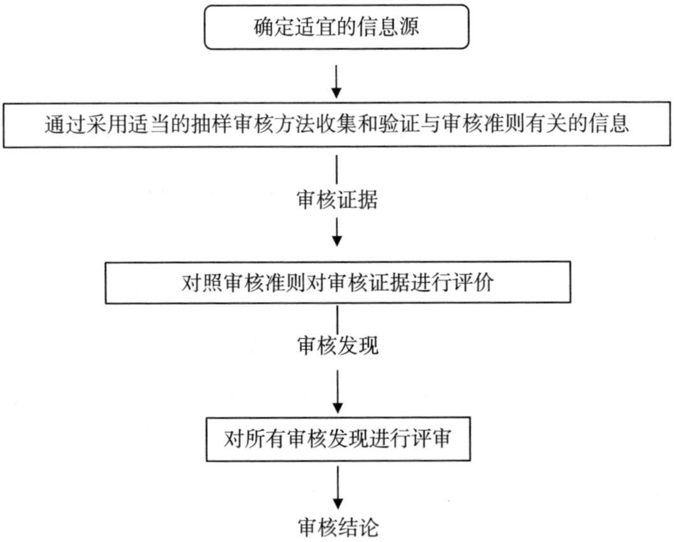

图 1-1　从收集信息到得出审核结论的过程

（二）信息的收集和验证，获得审核证据

在现场审核过程中，审核组需确定充分适宜的信息源，通过适当的抽样审核方法收集与审核目的、范围和准则有关的信息，包括与职能、活动和过程间接口有关的信息，并对这些信息进行验证，从而获得审核证据。只有能够证实的信息才能作为审核证据。

1. 信息源的选择

审核员应根据所承担的审核任务的范围和复杂程度确定充分适宜的信息源，所选择的信息源可以根据不同的审核范围和复杂程度而不同。适用时，信息源可以包括以下几个方面：

（1）与受审核方员工的面谈。

（2）对活动、知识产权管理和条件的观察。

（3）文件，如知识产权管理方针、目标指标、知识产权控制措施、计划、程序、标准、作业指导书以及合同等。

（4）记录，如知识产权管理要求的识别及其评价记录、法律法规和其他要求识别和登记记录、目标指标与控制措施实施与完成记录、运行控制记录、监控和合规性评价记录、培训记录、不符合处理、纠正措施和预防措施记录、内审与管理评审记录等。

（5）数据、信息的汇总、分析和绩效指标。

（6）相关方的报告，如市场的反馈、知识产权管理监测部门的抽查结果等。

（7）其他方面的信息源，如计算机数据库和网站等。

2. 受审核方现场访问收集信息的方法和技巧

在现场访问中，尽量减少审核活动与受审核方工作过程的相互干扰，并确保审核组成员的健康和安全，应考虑以下方面。

（1）策划访问时：

①确保能够进入审核范围所确定的受审核方的相关场所；

②向审核员提供有关现场访问的足够信息（如简介），这些信息涉及的方面包括安保、健康（如检疫）、职业健康安全、文化习俗，适用时，

还包括要求的预防接种和清洁；

③适用时，与受审核方确认提供审核组所需的个人防护装备（PPE）；

④除了非计划的特别审核外，确保受访人员知道审核目标和范围；

（2）现场活动时：

①避免任何对操作过程不必要的干扰；

②确保审核组适当地使用个人防护装备；

③确保应急程序得到沟通（如紧急出口、集合地点）；

④安排沟通以尽量减少分歧；

⑤依据审核范围确定审核组的规模以及向导和观察员的数量，以尽可能地避免干扰运作过程；

⑥即使具备能力或持有执照，除非经明确许可，不要触摸或者操作任何设备；

⑦如果在现场访问期间发生事件，审核组组长应与受审核方（如果需要，包括审核委托方）一起评审该状况，就是否中断、重新安排或继续审核达成一致；

⑧如果拍照或者视频录像，应预先征得管理人员的同意并考虑安全和保密事宜，避免未经本人许可就给个人拍照；

⑨如果复制任何类型的文件，应预先征得许可并考虑保密和安全事宜；

⑩做笔记时，应避免收集个人信息，除非是出于审核目标或者审核准则的要求。

在审核中所收集的信息的代表性、相关性、充分性和真实性直接影响审核实施的有效性，因此熟练地掌握收集信息的方法和技巧对审核员而言至关重要。由于审核是在有限的时间内并在有限的资源条件下进行的活动，这就决定了审核的基本方法是抽样。下面简要介绍一些收集信息的具体方法和技巧。

（1）面谈。

面谈是一种重要的收集信息的方法，并且应以适于当时情境和受访人员的方式进行，面谈可以是面对面进行，也可以通过其他沟通方法。但是，审核员应考虑如下内容和技巧。

①面谈的对象应是实施或负责受审核的活动、部门/场所的相关职能和层次的人员。例如，审核员在审核研发的知识产权运行控制过程时，其面谈的对象应选择实施或者负责研发知识产权的运行活动的技术人员或者管理人员。

②面谈最好选择在被面谈人正常工作时间和正常工作的地点进行。

③面谈开始时，审核员应向对方解释面谈及记录面谈信息的原因。

④面谈时可以通过请对方描述其工作内容和方法开始。例如，与一个配料车间保密区域的工人面谈时，可以先请其介绍他的工作流程和组织的保密制度、措施，然后请他演示对非本区域工作人员需要进入配料工作场所应采取的措施，审核员还可以假设几种可能出现的非常规情况，请他讲述组织的制度规定和应该采取的措施；又如，与某管理部门的负责人面谈知识产权获取计划的实施时，可以先请他介绍该部门获取计划的主要职责和措施、计划完成的进展、存在的问题，同时查阅相关的证据资料，进行比对，检查计划实施的效果等。

⑤面谈中，审核员会针对审核的内容向对方提出一些问题，从对方的陈述和回答中获取相应的信息，从而了解审核对象的职责、过程、活动、地点、时间、知识产权管理要求及知识产权管理过程接口、方法、要求等方面的情况。提问的方式很多，审核员应根据不同情况，灵活地运用不同的提问方法（如封闭式提问、开放式提问、澄清式提问等），以获取所需的信息。审核员在提问过程中应避免提出有倾向性答案（引导性提问）的问题，以免误导对方。

⑥在面谈前和面谈过程中，审核员应尽量营造和保持轻松、和谐的气氛，使对方能够在放松的状态下与审核员进行交流。

⑦面谈过程中，审核员应仔细倾听对方的陈述和/或回答，并做出适当的反应，当对方误解或答非所问时，应客气并及时地加以引导，不能粗暴打断。

⑧面谈结束时，审核员应与对方总结和评审面谈的结果，并感谢对方

的参与和配合。

（2）观察。

观察也是获取信息的重要渠道，有些信息只有通过观察才易于获取。审核中审核员应针对不同活动、场所的特点，采取观察的方法来获取相关的信息，如观察审核现场的知识产权保密区域管理、合同管理、风险控制、保密设施设备的运行状况和/或标识、活动的实施运行状况、面谈人员的神态以及现场人员的工作状态等。

（3）查阅文件和记录。

审核过程中，查阅文件和记录是获取信息常用的方法。审核员应针对审核对象的特点，查阅与受审核活动有关的文件和记录，以获得受审核方对相关活动和过程的具体职责、要求、实施、控制方法和结果等方面的信息。在查阅文件和记录时，通常应掌握以下几个方面的技巧。

①查阅的文件和记录应与受审核的活动直接相关。

②在明确与审核对象有关的文件和记录的总体量后，审核员可以根据需要，运用抽样技巧抽取足够数量的样本文件和记录，而没有必要查阅每一份文件和记录。

③查阅文件时应关注文件的有效性及其内容的充分性和适宜性，关注文件中对具体活动和过程的职责划分、接口关系、具体要求、实施和控制的方法与程序以及记录的要求等方面的信息。

④查阅记录时应关注记录内容的完整性和真实性，以及与相关文件规定的一致性。

3. 验证信息，获得和记录审核证据

（1）验证信息，获得审核证据。

审核证据是与审核准则有关的能够证实的记录、事实陈述或其他信息。在审核过程中，审核员通过运用适宜的审核方法和技巧收集与审核准则有关的信息，但这些信息中只有能够证实的信息才能成为审核证据。在实际审核中，不要求也没有必要对获得的所有信息进行逐一证实，但在需要时这些信息应该是能够被证实的，以确保作为审核证据的信息是真实、客观存在的。道听途说、假设、主观臆断、猜测等不能证实的信息不能作为审核证据。

为了获得审核证据，审核员在需要时应对收集到的与审核准则有关的信息进行验证，验证信息的方法通常包括以下几种。

①通过对现场活动的观察来证实面谈或查阅文件和记录时所获得的信息的准确性和真实性。

②通过必要的实际测量来证实活动的结果或记录的符合性、有效性和真实性。

③其他适用的证实方法，如对比分析来自不同职能和层次的对同一活动的信息，以验证信息的真实性等。

（三）现场审核活动中的注意事项

为了在有限的时间内有效地完成审核任务，在现场审核活动中需要注意以下事项。

1. 对审核计划的实施进行控制

通常情况下，审核组应按审核计划实施现场审核，这是审核组组长和审核组成员的共同责任。在审核过程中，也可能会遇到原来没有预料到的情况（如突然事故、关键责任人不在等），这时应与受审核方及时协商适当调整审核计划，以确保审核任务的完成。

保证审核按计划实施的关键是要掌握好对每个部门或者要素的审核节奏，审核员要注意控制审核时间，不要偏离审核线索。在现场审核中充分利用检查表是控制审核计划实施进度的有效方法，这需要根据在该部门审核时规定的总时间，掌握好审核该部门中每个要素所占的时间长短。如果所制订的审核计划在实际审核中确实存在某些不周密、需要调整时，经过审核双方同意后可以做必要的调整，但总的审核时间一般情况下不宜变更。

2. 明确总体、合理抽样

审核最基本的方法是抽样。审核员在编制检查表时就应明确审核的对象和抽样的总体，并对拟抽取的样本进行策划。到现场审核时，审核员才能根据实际情况真正明确审核对象的总体，并根据具体情况抽取足够数量的具有代表性的样本，以获得所需的审核证据。

3. 注重关键岗位和体系运行的主要问题

一个组织的知识产权管理体系是由一组相互关联和相互作用的要素构成的系统，不同的要素对知识产权管理体系实现知识产权管理方针和目标指标的有效性有着不同的影响，因此，审核员应通过审核准备和查阅文件、观察和调查，并借助审核组内技术专家或者专业审核员的指导，来辨别影响知识产权管理体系运行有效性的关键岗位和主要问题。

在现场审核过程中，审核员会发现各种各样的问题。在这种情况下，审核员一定要头脑清醒，集中精力把可能造成管理混乱、影响体系运行、抓住有可能造成重大影响的问题进行审核。在现场审核中，审核员应特别注意对关键岗位/要素的审核，这些岗位/要素往往是知识产权管理体系运行的关键所在（如研发部门、知识产权管理机构、投融资、合同管理、外贸、企业重组、人力等控制部门和管理人员是否了解相关控制程序、执行如何等）。

此外，审核员应对现场审核中发现的一些具体问题进行认真分析，必要时对这些问题进行追踪，从而从整体上全面地判断知识产权管理体系策划和实施运行及效果方面的适用性、充分性和有效性。

4. 注重收集知识产权管理体系运行有效性的证据

知识产权管理体系运行的有效性是现场审核的重要内容之一，因此在现场审核时不但要注意收集知识产权管理体系符合/不符合审核准则的证据，还应注重收集知识产权管理体系运行有效性的证据（如防范侵权的效果、知识产权管理要求及其影响的控制效果等），通过对这些审核证据的比较和评价，来证明体系运行的有效性。

5. 重视控制效果，避免主观武断、形式主义

由于行业和活动特点的不同，不同的组织、不同的知识产权类别（如民间文艺/地理标志/传统知识/遗传资源等）对知识产权管理体系各项活动的控制方法是不一样的。有的审核员局限于自身的经验，习惯于某一特定的知识产权控制形式和方法，往往会对受审核方规定的控制方法提出异

议，主观武断地要求受审核方按自己的方式控制，这是不利于保持审核的公正性和客观性的，也是违背审核准则的。因此，在审核中审核员不应以自己的想法或经验作为审核准则，把自己的想法和经验强加给受审核方，而应以标准、受审核方的知识产权管理体系文件、适用的法律法规和其他要求为审核准则，重视受审核方知识产权管理体系活动的控制效果，避免主观武断、形式主义。如果受审核方的知识产权管理体系各项活动的控制效果良好或未发生失控现象，且不违背审核准则的要求，审核员就应当接受、理解受审核方规定的控制方法，而不应予以否定。

6. 注意相关影响

现场审核活动往往需要分组进行，通常一人一组或多人一组，因而每位审核员在审核中所接触的只是受审核方知识产权管理体系的一部分，因此每位审核员不仅要关注与本人承担的审核任务有关的审核证据的收集及其对知识产权管理体系的影响，还应特别关注各过程和活动之间的相互作用和关系，分析其他审核员所获信息与本人所获信息之间的相互影响、因果关系、共性问题等，以便对受审核方知识产权管理体系的建立、实施、保持和改进等方面作出全面综合的评价。例如，在研发中心对一个新产品的知识产权管理的审核不仅涉及其本部门的管理，还会与人力资源管理部门、知识产权管理部门、合同管理部门、档案室等有关，也正是基于这方面的因素，在现场审核活动中，审核组成员之间应及时沟通，交流审核中所获得的信息，并在需要时相互协助证实有关的信息。

7. 始终营造良好的审核气氛

审核过程中营造良好的气氛是十分重要的，这是审核组全体成员的职责。在审核过程中，应尊重受审核方，正确对待受审核方的各种态度。审核员应始终保持耐心和礼貌，不介入受审核方的内部矛盾，态度诚恳，实事求是，努力保持审核的客观性和公正性。

8. 始终保持团结协作的工作作风和良好的个人能力和素质

审核组是一个集体，审核任务依靠审核组全体成员共同努力完成，审核组成员之间应具有团结协作的工作作风，只有及时交流和沟通，相互配合和支持才能顺利地实现审核的目的。审核员在审核过程中应守时、客观、公正，并能遵守保密承诺，不介入冲突和利益竞争，不应受到来自权力、利益或其他方面的影响而偏离审核员行为准则的要求。审核员应注意审核所在地的风俗习惯，遵守受审核方的规章制度。审核员在审核过程中还应保持沉着、冷静、不骄不躁的态度，不能急躁、主观或潦草行事，也不能畏难而退，避免由于个人情绪或喜好而影响审核。审核组组长应时刻注意控制审核工作的进展情况，并关注审核员的表现，一旦发现有违反审核纪律或不利于审核工作正常进行的言行应及时提醒改正，对审核中不应该出现的紧张气氛或者过于潦草等情况，应及时采取适当的纠正措施。

三、审核记录

（一）审核记录的内容和详略程度应考虑的因素

（1）记录的程度（内容的充分、适宜性）能够足以形成审核发现，并使认证机构作出正确的认证决定。

（2）法律法规的要求。

（3）认证机构自身对于认证风险的管理及其控制水平。

（4）记录的程度对于有效审核的影响。这意味着宜避免因不适当的记录要求，使审核员失去对现场有效审核的把握。相反，适度的审核记录要求，将有利于审核员关注受审核组织管理体系运作的实际情况，并为所承担的审核工作恰当地分配现场审核和记录的时间。

（二）审核记录的内容及相关要素

审核的目的、范围和准则决定了审核记录的内容。审核中，审核组需要基于不同的审核目的，在确定的审核范围内，依据审核准则的要求，选择并确定适当的信息源，在可获得信息样本的基础上，通过适当方式进行合理抽样，收集并验证受审核方管理体系运行中与审核目的、范围和准则有关的信息，包括与职能、活动和过程间接口有关的信息。只有能够证实的信息才可作为审核证据并予以记录。

1. 审核记录的内容

通常，审核组应收集足够的可用于表明受审核方管理体系符合适用的管理体系标准或其他规范性文件的所有适用要求的证据。审核记录尤其宜覆盖以下管理体系实施中的有关重要方面（但不限于以下方面）：

（1）根据关键绩效目标和指标对绩效进行监视、测量、报告和评价的证据。

（2）受审核组织管理体系和绩效中与遵守法律法规有关方面的证据。

（3）受审核组织过程的运作和控制方面的证据。

（4）人员能力和设施资源提供方面的证据。

（5）内部审核和管理评审有效策划和实施的证据。

（6）受审核组织的管理职责的情况。

（7）重要的顾客反馈信息，包括顾客投诉及采取纠正措施的有关证据。

（8）受审核方在产品、过程、体系改进方面的主要证据。

（9）事故的处理及采取纠正措施的相关信息。

（10）有关重大的风险信息及风险管理的信息等。

适当时，审核记录的内容还可能包括如下内容：

（1）首末次会议情况。

（2）审核组内部以及与受审核方沟通的情况。

（3）突发事件及应急处置情况。

（4）审核范围、审核计划的调整及其说明。

（5）需要后续跟踪或遗留的问题。

（6）受审核方的意见等。

当审核一个电子化的管理体系时，审核记录的内容还宜适当包括涉及有关信息安全方面的信息，以证实受审核方用于支持其电子化管理体系有效运行的信息技术系统的能力：

（1）信息系统及网络安全的管理、维护情况。

（2）信息安全事故（如系统故障、误操作等）的管理及其响应计划/

方案。

（3）电子化环境中的电子文档、记录、数据传输的可靠性和安全保护措施等。

2. 审核记录还宜清晰载明的要素

（1）抽样情况。例如：①样本总量和抽样数量，需要选取的样本数量取决于被审核活动或者过程的复杂程度，以及审核员从获取的样本处所能得到的信息，认证机构/审核组在确定抽样数量时宜考虑抽样量的适宜性对审核结果的影响；②样本状况，包括样本类别、名称、时间（批次）及唯一性标识等。

（2）使用的审核方法。例如，面谈或基于电子系统的互动式交流，对现场活动的观察，对工作环境的调查，对文件、记录和其他报告的查阅等。

（3）其他。例如，审核时间、地点、受审核的对象、活动或过程等。

（三）审核记录的详略程度

（1）审核记录的详略程度宜以满足审核组编制审核报告的需要和认证机构作出有依据的认证决定为前提，以认证机构对相关认证风险的评估为基础，并基于下列因素的影响来确定：

①每次审核的目的、范围和审核时间；

②受审核活动或者过程的重要性；

③受审核组织业务活动的关键风险和法律法规要求；

④审核抽样的程度（代表性和抽样量）；

⑤信息的可证实性和追溯性要求；

⑥认证机构自身的管理经验、要求和对认证风险的认识或可接受程度；

⑦相关方的要求和关注点。

（2）认证机构宜具备适合其管理要求的、与其风险管理相一致的审核记录的管理方法。该方法宜与审核时间（人/日数）的确定结合考虑，以便为实施有效的审核恰当地确定审核时间和分配现场审核与记录所需的时间，不能因不必需的冗长记录而消耗本应分配给审核的时间。重要的是，审核记录宜突出对选取的样本中那些对于判断受审核组织管理体系与审核准则符合程度（符合与不符合）是至关重要的、必不可少的关键信息。

（四）记录的证据性质

1. 符合性证据记录

对于符合性的记录，应考虑如下内容：

（1）明确判断符合的审核准则。

（2）支持符合性的审核证据。

（3）符合性陈述（适用时）。

2. 不符合证据记录

对于不符合的记录，应考虑如下内容：

（1）描述或引用审核准则。

（2）不符合陈述。

（3）审核证据。

（4）相关的审核发现（适用时）。

3. 记录程度的差异性

对于审核中收集到的有关正面和负面信息的记录程度可有一定的差异性。

（1）潜在的或可能导致不符合的负面信息，宜有足够详细的事实予以支持，以便于追溯；

（2）正面信息可适当简略说明。

（五）审核记录的形式

（1）审核记录可以有多种体现形式，包括书面记录、电子记录、电子数码图像、照片、复印件、标识图形或它们的组合。

（2）认证机构宜就获取有关信息的方式（如拍照、摄像、复印等）与受审核方进行沟通，在征得其同意的基础上可灵活地选择上述记录的方法，重要的是应确保审核记录清晰、可信和可证实。

（3）为保证受审核方信息的安全性，认证机构应按照合同或与受审核方协商一致的保密安排，对获取的任何关于受审核方的专有信息予以保密。

注：为某一特定审核编制并得到正确使用的检查表，作为一种审核的

辅助工具可以帮助审核员更好地开展审核工作，并有助于审核以系统的、全面的方式进行。适宜时，这样的检查表可与审核记录表合二为一。

（六）审核记录与审核报告的关系

审核记录是对审核证据的客观记录，是形成审核发现的基础。审核报告则以审核记录为基础，是基于审核目的，并对审核活动中（包括文件评审和现场审核活动）形成的所有审核发现的归纳、分析和评价，它陈述了诸如有关管理体系与认证要求的符合程度（包括对于不符合的意见）、管理体系的有效实施、保持和改进能力等方面的综合性评价意见，阐明了审核组内部达成一致的结论性意见，即审核结论。

（七）审核记录的管理

各机构对审核记录的管理宜做到易于识别、检索和保持清晰。对于审核记录的标识、存放、保护和处置，以及对审核记录的调阅应有与 CNAS-CC01 要求相一致的控制措施，并包括必要的保密要求。

（八）审核记录的注意事项

审核员做记录时应注意以下几个方面。

（1）记录的内容应全面。包括审核取证的时间、地点、面谈的对象、主题事件、主要过程和活动实施概要、观察到的事实、凭证材料、涉及的文件、记录、标识等。

（2）记录的审核证据应完整、真实地反映审核的情况。不但应记录有问题的信息，也应记录审核中能够证实受审核方知识产权管理体系符合要求和有效运行的信息，特别是主要活动和关键区域的符合性和有效性的信息，并能为审核报告中相应的评价提供依据。

（3）对于审核中发现的有问题的信息，审核员应确保记录所反映的不符合事实的主要情节清楚，包括实现可追溯性的必要信息，如时间、地点、面谈的对象、涉及的文件、记录、标识等，是否需要记录具体数据，由审核员根据不符合事实的性质决定。

（4）记录的审核证据应清楚、准确、具体、具有可重查性，只有完整、准确、能够被验证的审核证据才能作为作出正确判断的依据。

四、审核发现

（一）形成审核发现

审核发现是对照审核准则评价审核证据得到的结果，评价的结果可能是符合审核准则的，也可能是不符合审核准则的，因此，审核发现能表明符合或不符合审核准则，它既可以是正面的，也可以是负面的。

当确定审核发现时，应考虑以下内容：①以往审核记录和结论的跟踪；②审核委托方的要求；③非常规活动的发现或者改进的机会；④样本量；⑤审核发现的分类（如果存在这种情况）。

1. 评审和汇总审核发现

在现场审核的适当阶段（如每天审核结束后和/或全部审核活动完成后），审核组成员应共同参与评审审核发现，这也是审核组内部沟通的一项重要内容。

通常情况下，每天现场审核活动结束后，审核组成员会针对当天的审核情况进行内部沟通，评价当天审核中收集的审核证据；当全部现场审核活动完成后，审核组成员应对照审核准则对收集到的审核证据进行全面的、总结性的汇总、比较、分析和评价，以确定审核发现。

评价、汇总和确定审核发现通常可以采取以下方法：

（1）审核组的每位成员按照审核计划和所承担的审核任务，在现场审核中就会将获得的审核证据对照审核准则进行评价和判断，以初步确定审核发现。

（2）审核组进行内部沟通时，每位审核组成员分别介绍说明其审核工作范围内所涉及的过程、活动、部门/场所/现场等方面的审核情况、收集到的审核证据以及初步确定的审核发现。审核组成员之间沟通需要相互印证的信息和证据，并就审核中的疑点和分歧进行讨论，包括可能需要进行验证或跟踪的问题。

（3）审核组将每位审核组成员各自获得的审核证据进行汇总和分析，

包括来自不同审核员在不同职能和层次上收集的对同一审核对象（如知识产权风险的识别和评价管理、文件和资料的控制、基础管理，运行和实施控制等）的信息和证据进行汇总分析和综合评价，以共同确定审核发现（包括符合的和不符合的）。

审核组确定的审核发现应形成记录，为作出审核结论及是否推荐认证注册的决定提供充分而详细的信息。这些信息是审核记录的重要组成部分，其内容通常可包括：审核覆盖的区域/场所、活动或要素，审核的路线，具体的审核发现（包括符合和不符合的审核发现及其支持性审核证据）等。

2. 符合审核准则的审核发现

在评审审核发现的基础上，审核组应汇总分析所有符合审核准则的审核发现。这些审核发现体现了受审核方知识产权管理体系中符合的和有效的方面，为审核组对受审核方的知识产权管理体系进行总体评价提供信息基础，也为审核组作出适宜的审核结论提供依据。

3. 不符合审核准则的审核发现

当确定的审核发现不符合审核准则时，审核组通常会将其确定为不符合项，审核组内部应讨论该不符合项相应的支持性审核证据以及对应的审核准则的条款和内容，并对不符合项的严重程度进行分级。

确定为不符合的审核发现，通常可以采用“不符合报告”的形式进行记录，记录中应包括该不符合项的支持性的审核证据。

4. 与多个准则相关的审核发现的处理

在审核中，有可能识别出与多个准则相关的审核发现。在结合审核中，当审核员识别出与一个准则相关的审核发现时，应考虑到这一审核发现对其他管理体系中相应或类似准则的可能影响。

根据审核委托方的安排，审核员也可能提出：（1）分别对应每个准则的审核发现；（2）与多个准则相关的一个审核发现。

根据审核委托方的安排，审核员可以指导受审核方应对这些审核发现。

（二）不符合项和不符合报告

1. 不符合项的形成

根据 CNAS-CC01 的要求，在认证机构作出认证决定前，应该对于所有反映以下问题的不符合，认证机构已评审、接受并证实了纠正和纠正措施的有效性：

（1）未能满足管理体系标准的一项或多项要求。

（2）使人对客户管理体系实现预期结果的能力产生重大怀疑的情况。

（3）对于任何其他不符合，认证机构已评审并接受了客户计划采取的纠正和纠正措施。

因此，一般情况下，在知识产权管理体系审核过程中，经评价违背或偏离审核准则的审核发现即可确定为不符合项。以下任何一种情况都可以形成不符合项：

（1）知识产权管理体系文件没有完全满足 GB/T 29490—2013 标准或适用的法律法规和其他要求，即文件的内容不符合标准或适用的法律法规和其他要求。

（2）知识产权管理体系的实施现状不符合 GB/T 29490—2013 标准的一项或多项要求或适用的法律法规和其他要求或知识产权管理体系文件的规定，即实施运行不符合规定的要求。

（3）知识产权管理体系的运行结果未达到预定的目标指标，即实施效果未达到目标指标。

（4）知识产权管理体系运行的知识产权管理行为未达到适用的法律法规和其他要求的规定，即知识产权管理行为不符合要求。

2. 不符合项的严重程度的分级和判定

不符合项可以按其严重程度和造成的影响或后果进行分级，其分级方法及判定标准不是唯一的，由认证机构作出具体的规定。审核员在审核过程中，应按委托其实施审核的认证机构的规定执行。本书将不符合的严重程度分为“严重不符合”和“一般不符合”两级，仅供参考。

(1) 严重不符合。

出现下列情况之一，原则上可构成严重不符合项：

①知识产权管理体系出现系统性失效，如知识产权管理体系某要素、某关键过程重复出现失效现象，又未能采取有效的纠正措施加以消除，形成系统性失效。

②已造成严重的知识产权侵权危害，或可能会造成严重的知识产权侵权和不良管理后果。

③违反知识产权法律法规和其他要求的行为较严重。

④一般不符合项没有按期采取纠正措施而再次发生或造成更大的不良影响。

⑤目标指标未实现，但没有通过评审采取必要的改进措施。

(2) 一般不符合。

出现下列情况之一，原则上可构成一般不符合项：

①对满足知识产权管理体系要素或知识产权管理体系文件的要求而言，是个别的、偶然的、孤立的问题。

②对整个知识产权管理体系的运行效果的影响轻微的问题。

3. 不符合报告的内容

不符合报告是记录不符合审核准则的审核发现的一种常用方法。各认证机构通常会提供不符合报告的表式，其内容一般可包括以下方面：

(1) 受审核方名称。

(2) 受审核的部门或不符合发生的地点及其相应的负责人。

(3) 审核员和向导。

(4) 审核日期。

(5) 不符合事实的描述，即不符合项的支持性审核证据。

(6) 不符合的审核准则（如标准、文件等）的名称和条款。

(7) 不符合项的严重程度。

(8) 审核员签字、审核组组长认可签字和受审核方确认签字。

(9) 适用时，不符合报告的内容还可包括不符合项的原因分析、纠正措施计划及预计完成日期、纠正措施实施情况的说明、纠正措施的完成情况及验证记录。

4. 不符合项的确认

审核员根据审核组共同确定的不符合审核准则的审核发现，将确定为不符合项的审核发现编写成不符合报告。不符合报告通常需要得到审核组组长的签字认可。

在现场审核活动结束前，审核组通常会以不符合报告的形式将确定的所有不符合项提交给受审核方，请受审核方的代表确认不符合事实。

请受审核方确认不符合事实，一方面是确认不符合事实（支持不符合项的审核证据）的客观性和准确性；另一方面可以使受审核方理解不符合所反映的问题以及有关审核准则的要求，促进受审核方采取纠正措施来解决和消除不符合及其原因。这种方法体现了审核的公正、透明和规范，也考验了审核员的工作能力，只要不符合事实中有任何虚假失实之处，受审核方都有理由拒绝签字确认，这有助于提高审核员的素质，养成一丝不苟的科学态度和工作作风。

在确认不符合事实的过程中，如果受审核方与审核组之间出现分歧时，审核组应采用适宜的方法解决分歧。

如果由于受审核方的误解或对不符合事实不理解而不确认不符合事实时，审核组成员应说明需要受审核方确认的只是不符合事实，并耐心地作出解释，需要时应展示相应的证据，以使受审核方理解并确认不符合事实。例如，当某一不符合项被判定为严重不符合项，受审核方出于误解，认为此不符合项会导致不通过认证，因而拒绝在不符合报告上签字确认。如果发生这种情况，审核组组长应向受审核方代表说明，需要受审核方确认的只是“不符合事实”的客观性和准确性，且一个严重不符合也不一定会导致不通过认证；需要时，审核组应向受审核方详细说明或展示有关的审核证据，以证实审核组提出的不符合项是建立在充分的审核证据的基础上的。

如果受审核方提出补充证据证明审核员对不符合事实的表述有误或证

据不准确时，审核组应进行必要的补充调查核实，如经核实确属不符合事实有误或不准确，审核组应勇于修正错误，修改不符合事实的内容或撤销该不符合项；同时，审核组也应查明补充证据没有在现场审核时提供的原因。

如果对于某一有分歧的不符合项，经过审核组和受审核方的沟通还是不能达成共识，审核组应记录未解决的分歧，必要时应向认证机构说明有关情况，由认证机构作出仲裁。

5. 编写不符合报告的要求

对于一个审核员来说，如何编写不符合报告是审核员必须掌握的基本技巧。审核员在编写不符合报告时应遵循以下要求。

（1）不符合事实的描述应准确具体，不应遗漏任何有益信息，具有可重查性和可追溯性。

（2）观点和结论从不符合事实的描述中自然流露，不要只写结论不写事实，不应带有评论性意见。

（3）文字表述力求简明精炼，尽可能使用行业或专业术语。

（4）不符合审核准则的条款判断应准确，否则，会导致纠正措施的方向发生偏差。

（5）不符合项严重程度的判定应能客观地反映不符合项的实际影响或后果。

五、准备和形成审核结论

（一）准备审核结论

末次会议前，审核组组长应组织审核组成员进行较长时间的内部沟通，结合审核目的，对现场审核的所有审核发现及其他适当信息进行汇总、分析、评价和总结，在此基础上对受审核方的知识产权管理体系的符合性和有效性进行总体评价，最终确定审核结论。

1. 汇总分析符合审核准则的审核发现

审核组应汇总分析所有符合审核准则的审核发现，明确受审核方的哪些过程和活动、哪些职能和场所是符合和有效的，以确定受审核方知识产权管理体系的优势环节，作为肯定受审核方知识产权管理体系符合要求和有效运行的依据。

2. 汇总分析不符合审核准则的审核发现

审核组应汇总分析所有不符合审核准则的审核发现，明确受审核方的哪些过程和活动、哪些职能和场所是需要改进的重点，作为提出受审核方知识产权管理体系的薄弱环节和改进需求的依据。

通常审核组会对不符合项的数量和严重程度进行统计，需要时，可绘制成不符合项分布表，从不符合项分布表上可非常明确地看出不符合项在各要素和各部门/场所的分布情况。审核组根据不符合项的严重程度和实际情况来分析这些不符合项对知识产权管理体系整体符合性和有效性的影响，根据不符合项的分布情况来分析知识产权管理体系的哪些要素和部门/场所是重点改进的对象。

3. 形成审核结论需要考虑的其他信息和因素

形成审核结论前，审核组还需考虑以下方面的因素。

（1）在现场审核过程中，审核组收集到的一些信息可能会影响审核目的的实现，审核组应充分考虑这些信息可能造成的影响。例如，在审核中收集到审核范围内包括的某产品或活动在知识产权管理部门的监督检查中被判定为不符合适用的法律法规并受到处罚；又如，在审核中收集到受审核方出现过较严重的知识产权管理侵权事故，但其相应的改进措施尚未得到落实等。

（2）审核中固有的不确定因素（如抽样的局限性、审核组成员的个人主观性、收集信息的有限性等），并就这些因素导致的分歧进行有效的沟通，从而对审核结论达成共识。

（3）适用时，针对受审核方知识产权管理体系中存在的潜在问题指出受审核方的改进方向。需要注意的是，审核员不能就具体的改进方法和措施提出咨询性的意见或建议。

（4）如果审核计划有要求，讨论审核后续活动的安排，如验证纠正措施的方式等。

（二）知识产权管理体系符合性和有效性及实施效果的评价

审核组在汇总分析所有审核发现的基础上，应对受审核方知识产权管理体系的运行作出评价。通常，审核组可以从以下两大方面评价受审核方知识产权管理体系。

1. 知识产权管理体系符合性和有效性的评价

知识产权管理体系符合性和有效性的评价，可以通过对文件评审的结果和现场审核过程中收集到的对重要知识产权管理要求有效控制的客观证据进行归纳分析后作出评价。知识产权管理体系符合性和有效性评价的主要内容包括以下方面：

（1）知识产权管理体系文件与知识产权管理体系标准和适用的知识产权管理法律法规和其他要求的符合程度。

（2）知识产权管理体系实现知识产权管理方针和目标指标的能力。

（3）对评价出的核心知识产权的管理要求实施控制的效果。

（4）通过监查、评价、不符合、纠正措施和预防措施、内审和管理评审等要素的实施，知识产权管理体系是否建立了自我完善和改进的机制并发挥作用。

（5）员工通过知识产权管理体系的建立和实施是否提高了知识产权保护意识，并能够自觉地遵守与本岗位有关的程序或作业指导书的规定。

2. 知识产权管理体系实施效果的评价

组织建立和实施知识产权管理体系的目的是根据组织的知识产权管理方针改进其整体知识产权管理绩效。因此，在知识产权管理体系审核中，除了依据审核准则评价知识产权管理体系的符合性和有效性外，还要运用收集到的受审核方知识产权管理绩效的证据，来评价知识产权管理体系的实施效果。

审核员在审核中应着重就侵权预防方面，以及通过组织的活动、产品或服务的改进带来的知识产权管理成效等方面来评价知识产权管理体系的实施效果。

（三）形成审核结论

审核结论是审核组根据审核目的，在对受审核方知识产权管理体系符合性、有效性及实施效果进行综合评价的基础上得出的最终审核结果。

审核结论的划分方法和判定标准不是唯一的，各认证机构会规定审核结论的划分方法和判定标准。审核员在审核过程中，应按委托其实施审核的认证机构的规定执行。

本书将审核结论分为“推荐通过认证”“有条件推荐通过认证”和“不推荐通过认证”三种，仅供参考。

1. 推荐通过认证

审核中没有发现不符合项，审核组即可作出“推荐通过认证”的审核结论。如果审核中提出少量一般不符合项，受审核方可以在现场审核期间采取纠正措施，或在现场审核结束后短时间内可以采取纠正措施，审核组可以先作出“推荐通过认证”的现场审核结论，但仍应要求受审核方针对提出的不符合项采取纠正措施，并对纠正措施的实施情况及有效性进行验证。

2. 有条件推荐通过认证

审核中发现少量严重不符合项和/或一般不符合项，或个别过程或区域需要再次进行现场审核，且受审核方在现场审核期间没有采取纠正措施，或没有完成全部纠正措施，审核组可以作出“有条件推荐通过认证”的审核结论。受审核方在商定的时间内对所有不符合项采取有效的纠正措施，（需要时）审核组对个别过程或区域再次进行现场审核，并对受审核方采取的纠正措施进行验证有效后，再向认证机构推荐通过认证。

3. 不推荐通过认证

审核中发现存在多个造成系统失效的严重不符合，审核组可以作出“不推荐通过认证”的审核结论。受审核方可以对所有问题采取有效的纠正措施后重新向认证机构提出认证申请。

审核组作出的审核结论只是向认证机构提出的推荐性审核结论，受审核方是否能够认证注册由认证机构作出最终决定。如果认证机构的结论与审核组的推荐性结论不一致，由认证机构以书面方式通知受审核方。

六、审核中的沟通

对审核过程中的沟通作出必要的安排，并在审核过程中及时而有效地进行沟通，是确保审核有序而顺利进行的重要活动。

本章前几节的内容中已多处涉及审核组内部、外部的沟通。本节对审核过程中的沟通进行一个全面、系统的介绍。

审核过程中的沟通包括审核组内部的沟通、审核组与受审核方的沟通、审核组与认证机构之间的沟通。

（一）审核组内部的沟通

在审核过程中，审核组成员之间应进行有效的沟通。沟通的方式可以采用审核组内部会议或其他适宜的方式。通过内部沟通，审核组成员之间能够交换信息、评审审核进展情况，在需要时重新分派审核组成员的工作。

审核组内部沟通通常可以包括每天现场审核过程中的沟通、每天现场审核结束后的沟通和全部现场审核活动结束后的沟通。除此之外，在审核过程中，审核员之间也可以根据需要就某些信息或问题进行沟通。

审核组内部沟通的内容通常可以包括以下方面。

（1）审核活动的进展和审核计划的执行及完成情况，以及是否需要调整审核计划或重新分派审核组成员的工作。

（2）审核组成员从不同渠道收集的信息，以及审核中需要不同审核员相互协助补充印证的信息或需要进一步追踪验证的信息。

（3）讨论审核过程中出现的异常情况，包括可能导致审核目的和审核范围发生变更的情况，商讨适当的措施。例如：①受审核方的规模或知识产权范围远远超过其申请认证时覆盖的范围，导致审核时间不够而无法获得充分的审核证据；②受审核方出现严重违反知识产权法律法规的情况；③受审核方的知识产权管理体系未覆盖其申请认证应涉及的关键过程、活动或场所；④审核范围内的一些过程或活动没有全部或部分实施，不能提供充分的审核证据；⑤审核组收集的证据表明受审核方的知识产权管理体系达不到认证注册的要求。

（4）审核组成员在审核中发现超出审核范围之外的应关注的问题，应及时指出并向审核组组长报告。

（5）解释并澄清审核员之间存在的疑异，解决审核组成员之间的分歧，达成共识。

（6）对收集到的审核证据进行汇总、分析的评价，以形成审核发现。

（7）评价受审核方知识产权管理体系的符合性和有效性，作出审核结论。

（8）需要时，沟通审核后续活动的安排。

（二）审核组与受审核方的沟通

在审核过程中，审核组应及时向受审核方通报审核的进展及相关情况，并就有关情况进行沟通。审核组与受审核方的沟通通常可以包括与有关活动或部门/场所责任人的沟通、每天现场审核结束后与受审核方代表的沟通和末次会议前与受审核方高层管理者代表的沟通等。除此之外，在审核过程中，审核组也可就一些特殊情况或发现的特殊问题与受审核方随时进行沟通。审核组与受审核方沟通的内容通常可以包括以下方面。

（1）审核计划的实施情况和审核活动的进展情况，包括审核过程中发现的异常情况。

（2）需要受审核方提供进一步配合和支持的活动。

（3）对可能需要调整的审核活动安排（包括审核计划和审核组成员分工的变化）进行沟通和协商。

（4）当审核组收集的证据显示有可能发生紧急或重大的知识产权侵权事故时，应立即与受审核方进行沟通。

（5）审核组发现的超出审核范围之外的应引起关注的问题。

（6）当审核组获得的审核证据表明不能达到审核目的时，审核组组长应向受审核方说明相关情况和理由，并协商确定适当的措施，这些措施可包括重新确认或修改审核计划、改变审核的目的、改变审核范围、终止审核等。

（7）可能会导致审核范围发生变更的任何情况。

（8）简要介绍审核的整体情况，说明审核发现，请受审核方代表确认审核组提出的不符合项的不符合事实，需要时，就受审核方存在的疑异进行沟通和澄清，解决双方的分歧以达成共识。

（9）通报审核组对受审核方知识产权管理体系符合性和有效性的评价及作出的审核结论。

（10）需要时，沟通审核后续活动的安排。

（三）审核组与认证机构的沟通

在审核过程中，审核组在适当时还需向认证机构通报审核进展及相关情况，并就有关情况进行沟通。审核组与认证机构沟通的内容通常可以包括以下方面：

（1）审核组的审核时间不够而需要调整审核计划的信息（如需要延长审核时间或修改日程安排或增加审核组成员等）。

（2）适当时，向认证机构报告审核组收集的显示受审核方可能发生的紧急或重大的知识产权管理侵权事故的证据。

（3）需要时，报告审核组发现的超出审核范围之外的应引起关注的问题。

（4）当审核组获得的审核证据表明不能达到审核目的时，审核组组长应向认证机构说明相关情况和理由，并请认证机构确认或批准所需采取的适当措施。

（5）可能会导致审核范围发生变更的任何情况，应通报认证机构并请其评审和批准。

（6）审核组难以判断的问题、与受审核方有分歧且未能达成共识的问题，以及审核中遇到的影响审核实施和完成的其他情况。

七、末次会议

1. 概述

末次会议是现场审核的结论性会议，通常在审核组完成现场审核活动、获得审核发现并作出审核结论之后进行。

为确保末次会议顺利有效地召开，末次会议前的准备工作应充分。审核组内部应认真汇总分析和评价，讨论并确定不符合项，全面、准确、公正、客观地作出知识产权管理体系符合性和有效性评价和审核结论，并达成共识，同时还需要与受审核方进行良好的沟通，澄清疑问并解决分歧。

末次会议由审核组组长主持，参加会议的人员应包括审核组的全体成员和受审核方的最高管理层和各有关部门的管理者，需要时还可包括认证机构和其他方面的代表。

末次会议通常在受审核方所在地召开，时间一般不超过 1 小时。与会人员应签到，审核组应做好并保持会议记录（包括人员签到记录）。

末次会议是正式的会议，应保持正式、严谨、和谐、融洽的气氛。

2. 末次会议的程序和内容

末次会议通常可以包括如下方面的程序和内容，但各认证机构在具体做法上可能大同小异，有些程序和内容可以根据实际情况适当简化。

（1）感谢受审核方的配合和支持。

审核组组长宣布末次会议开始后，应首先代表审核组感谢受审核方的配合和支持，使审核工作能顺利完成。

（2）重申审核的目的、准则和范围。

在末次会议上重申审核的目的、准则和范围十分必要。

一方面是因为尽管审核计划中和首次会议时均说明了审核的目的、准则和范围，但参加末次会议的人员未必都了解这些信息，通过重申这些信息向受审核方及其他与会人员表明，审核组的审核过程始终是遵循审核的目的、准则和约定的审核范围实施的。

另一方面是在现场审核时，可能由于种种原因而导致审核的目的和范围发生了变更，审核组组长应说明变更的原因，声明变更之后的审核目的和范围，并得到受审核方的确认。

（3）提出审核发现。

审核组组长应总体说明审核的基本情况，宣布审核发现（包括符合的和不符合的），肯定受审核方知识产权管理体系的优势，指出薄弱环节和主要问题。不符合报告可由审核组组长指派审核组成员宣读，审核组成员可以对相关内容作出必要的解释和说明。对受审核方不理解或有疑问的内容进行解释和澄清，以使受审核方理解和认同。如果受审核方对审核发现有不同的意见，双方应进行讨论和澄清，尽量解决分歧以达成共识；如果未能解决，审核组应当记录所有的意见和分歧。

（4）宣布审核结论。

审核组组长宣布本次审核的结论（包括知识产权管理体系符合性和有效性评价以及是否推荐认证注册的决定）。审核组组长可就审核结论作出适当解释，并说明审核组作出的审核结论只是向认证机构提出的推荐性结论，受审核方是否能够认证注册，还需由认证机构作出最终决定。

如果受审核方对审核结论有不同的意见，双方应进行讨论和澄清，尽量解决分歧，达成共识；如果未能解决，审核组应当记录所有的意见和分歧。

（5）必要时，说明可能降低审核结论可信程度的情况。

由于审核是抽样检查的过程，且在审核中可能会出现一些异常或特殊情况，这些都有可能降低审核结论的可信程度，必要时，审核组组长应对这些情况作出说明。

例如，说明抽样的局限性，审核是一项抽样检查的活动，存在一定的局限性和风险性，在审核中发现不符合项的部门/过程未必是出现问题的唯一部门/过程，没有发现不符合项的部门/过程未必不存在问题，而审核组只是依据获取的样本提出的审核发现、作出的审核结论。审核组组长还应说明，尽管抽样存在一定的风险和局限，但审核组在审核过程是抽取了足够的样本并尽量做到了抽样的代表性，从而保证审核发现和审核结论的公正、客观和准确。

又如，在审核中获取的信息不真实或未能获取某些活动和过程的充分证据等情况，也会影响审核结论的可信程度。

（6）适当时，讨论纠正措施和预防措施的时间表。

当审核组提出不符合项时，双方应就纠正措施和预防措施的时间安排

（包括提交纠正措施和预防措施计划时间和完成纠正措施和预防措施的时限）进行讨论并达成一致意见。审核组组长还可以说明对纠正措施和预防措施有效性进行验证的方式。

（7）适用时，其他需要说明的内容。

例如，针对受审核方知识产权管理体系中存在的潜在问题，指出受审核方的改进方向、重申保密承诺、获证后的监督要求等。

（8）需要时，请受审核方高层管理者代表做简短致辞。

（9）再次感谢受审核方的合作，宣布末次会议结束。

八、审核报告和审核完成

（一）审核报告的编制和内容

审核报告是审核组结束现场审核工作后必须编制的一份文件，通常由审核组组长或其他审核员在现场审核后以正式文件的方式提交给认证机构。审核组可以识别改进机会，但不应提出具体解决办法的建议。审核组组长应对审核报告的编制和内容负责。审核报告的格式没有统一的规定和要求，认证机构会根据需要设计适用的格式。认证机构应享有对审核报告的所有权。

知识产权管理体系认证审核的第一阶段审核和第二阶段审核均需编制审核报告。

审核组组长应负责审核报告的编制，并应对审核报告的内容负责。审核报告应提供对审核的准确、简明和清晰的记录，以便为认证决定提供充分的信息，并应包括或引用下列内容：

（1）注明认证机构。

（2）客户的名称和地址及其管理者代表。

（3）审核的类型（如初次审核、监督审核或再认证审核）。

（4）审核准则。

（5）审核目的。

（6）审核范围，特别是标识出所审核的组织、职能单元或过程，以及审核时间。

（7）注明审核组长、审核组成员及任何与审核组同行的人员。

（8）（现场或非现场）审核活动的实施日期和地点。

（9）与审核类型的要求一致的审核证据、审核发现和审核结论。

（10）已识别出的任何未解决的问题。

审核报告的内容应当提供完整、准确、简明和清晰的审核记录，第二阶段审核报告的具体内容可以包括或引用以下方面。

1. 审核目的

应写明本阶段审核的审核目的，如果因为现场审核中发生的异常或特殊情况而导致审核目的发生变更，应在审核报告中写明变更后的审核目的，并写明变更的理由。

2. 审核范围

应写明经审核组现场审核确认后的本阶段审核的审核范围，明确受审核方的组织单元、职能单元、主要过程和活动以及审核所覆盖的时期。如果因为现场审核中发生的异常或特殊情况而导致审核范围发生变更，应在审核报告中写明变更后的审核范围，并写明变更的理由，以作为认证机构最终确认认证范围的建议性依据。

3. 审核准则

应写明审核所依据的审核准则。

4. 审核委托方和审核组成员

应写明提出此次审核要求的认证机构的名称、地址及联系方式等信息，以及第二阶段审核的审核组成员（包括审核组组长、审核员、实习审核员、技术专家）的姓名和资格等。

5. 现场审核活动实施的日期和地点

应写明本阶段现场审核活动的起止日期和地点，包括受审核方及其所在地址。如果审核活动涉及多个现场，应明确所有现场的名称、地址及审核的起止时间。

6. 审核发现

应依据审核准则，以归纳总结的形式描述审核组在本阶段审核中获得的正面和负面的审核发现，包括审核组确定的不符合项，有关的检查表、审核记录和不符合报告可以直接作为该部分内容的引用文件。

7. 审核结论

第二阶段审核报告应依据审核发现的汇总分析和评价结果，写明审核组作出的知识产权管理体系符合性和有效性的评价以及是否推荐认证注册的审核结论。

8. 适当时包括或引用的其他有关内容

审核报告除了包括以上内容之外，适当时，还可以根据需要包括或引用以下内容。

（1）审核计划，如果审核计划发生过改变，则需要包括或引用改变后的审核计划。

（2）受审核方代表的名单。

（3）审核过程综述，可包括以下方面：

①文件评审和第一、第二阶段现场审核的概括性描述，如文件评审的主要内容及其结果，第一、第二阶段现场审核所涉及的信息源、收集信息和证据的方法、审核的抽样量等。

②不符合项统计及分布情况，如不符合项的总数、严重不符合项的数量、一般不符合项的数量以及不符合项的分布情况（不符合报告和不符合项的分布表可以直接作为引用文件）。

③审核中可能降低审核结论可信性程度的不确定因素及其他有关的情况，如抽样的局限性、审核中收集的信息和证据可能存在的不真实或不充分的情况等。

（4）确认在审核范围内，已按审核计划的安排完成审核活动并达到审核目的。

（5）审核组与受审核方之间存在的没有解决的分歧意见。

（6）对受审核方知识产权管理体系中潜在的问题提出改进的方向。

（7）审核组和受审核方商定的有关审核后续活动的安排，如提交纠正和预防措施计划的时间、完成纠正和预防措施的限定时间、验证纠正措施的方式等。

（8）重申保密承诺，包括保密的信息范围、涉及的方面、人员以及相应的承诺等。

（9）审核报告的分发清单，如审核报告的分发对象和分发份数等。

（二）审核报告的批准和分发

审核组组长应按认证机构规定的时限提交审核报告。如果不能按时提交，应及时向认证机构说明延误的理由，并协商确定提交的时间。

认证机构应按有关审核方案的规定对审核报告进行评审和批准，并注明评审和批准的日期。经批准的审核报告应按认证机构的规定分发给受审核方，必要时可分发或提交给其他相关方（如认可机构等）。

认证机构是审核报告的所有者，审核组成员和审核报告的所有持有者均应对报告的内容保守秘密。

（三）审核报告的示例

1. 第一阶段审核报告

第一阶段现场审核结束后，通常由审核组组长或其指派的审核员根据第一阶段审核的情况及审核结论，编制第一阶段审核的审核报告，审核组组长对审核报告的内容负责。

第一阶段审核的审核报告一般可以包括以下内容。

（1）审核目的、准则、范围、日期、审核组成员等基本信息。

（2）受审核方知识产权管理体系基本情况的评价，通常可包括以下方面：

①知识产权管理体系文件与审核准则的符合程度；

②知识产权管理体系建立和运行的基本情况；

③组织结构和职责的合理性，资源配备的适宜性；

④知识产权管理要求（特别是重要知识产权管理要求）的识别、评价和侵权控制的基本情况；

⑤适用的知识产权管理法律法规和其他要求的获取和遵守情况；

⑥目标指标和控制措施的合理性；

⑦信息交流安排的适宜性；

⑧内部审核和管理评审的实施情况；

⑨发现的主要不符合项；

⑩第二阶段审核的可行性、预计的时间安排及第二阶段审核的重点。

第一阶段审核的审核报告的格式和内容没有统一要求，各认证机构可设计适宜的格式和内容。表 1-4 提供了一个第一阶段审核报告的示例，仅供参阅。

表 1-4　第一阶段审核报告（示例）

编号：Z-2013-015-01

受审核方：北京××家电公司　地址：北京市朝阳工业区××号　邮编：100201 电话：010-6891××××　传真：010-6891××××　联系人：×××				
1 审核日期：　2013 年 5 月 9 日				
2 审核范围：电冰箱制冷技术专利权、空调商标注册权及其相关的知识产权管理活动和过程。 主要部门/现场名称：最高管理层、知识产权机构				
3 审核准则：（1）GB/T 29490—2013 标准；　（2）适用的法律法规和其他要求； （3）受审核方现行有效的知识产权管理体系文件　A 版				
4 审核组成员：	姓名	性别	注册资格	职责
	刘平	男	高级审核员/专业审核员	组长
	郭军	男	实习审核员	组员
5 受审核方主要参加人员：总经理：刘华　副总经理（管代）：黄建利　总工：张国民				
6 现场审核情况评述：				
6.1 知识产权管理体系文件与审核准则的符合程度： 知识产权管理体系文件（含知识产权管理手册、18 份程序文件及相关作业文件）基本符合 GB/T 29490—2013 标准的要求和适用的法律法规，文件与公司的知识产权管理宗旨相适应，文件构架、层次合理，对公司知识产权管理体系活动能够起到管理和规范作用。				
6.2 知识产权管理体系建立的基本情况： 公司已按 GB/T 29490—2013 规范建立了文件化知识产权管理体系，公司于 2012 年 12 月 1 日开始文件的发布实施，至审核之日已实施运行近 5 个月。公司的知识产权管理策划框架基本能够起到组织的知识产权管理整体的系统和多个子系统之间相互作用、相互制约，共同服务于企业知识产权管理目标。				
6.3 知识产权管理方针、目标、控制措施制定的适宜性： 公司的知识产权管理方针、目标符合其知识产权管理体系的现状和发展需求。 建议：知识产权管理目标的可测量性和控制措施的适宜性有待改进。				
6.4 知识产权基础管理要求（特别是核心知识产权管理要求）情况： 公司建立了知识产权管理风险识别和控制机制，对知识产权侵权风险进行了识别和评价。 建议：对知识产权的风险管理进一步系统化，提升知识产权风险管理的主导作用。				

续表

6.5 沟通/信息交流的安排情况： 建立了信息交流的相关程序，对内部各层次职能间的信息交流和外部相关方联络（重组、销售、联盟及相关组织等）的安排作出了较为明确的规定。
6.6 内审和管理评审的实施情况，以及持续改进机制的建立情况： 受审核方初步建立了自我完善和持续改进的机制。实施的内审和管理评审已实施并基本符合要求。
6.7 现场审核中发现不符合项的情况： 现场审核中共发现 6 个一般不符合项。 注：已请受审核方在 15 个工作日提出相应的纠正措施。
7. 审核结论：　具备进行第二阶段审核的条件，初步确定的第二阶段审核的审核时间为 2013 年 5 月底。
8. 第二阶段审核的重点： （1）与受审核方的申请认证覆盖的知识产权管理体系有关的全部运行及其管理活动； （2）知识产权风险管理机制的运行效果； （3）知识产权管理体系持续改进自我完善机制的作用
审核组组长：刘平　　2013 年 5 月 12 日

2. 第二阶段审核报告

第二阶段审核报告没有固定的格式，认证机构可编制适宜的格式，表 1-5 提供了一个审核报告的示例，仅供参阅。

表 1-5　第二阶段审核报告（示例）

编号：2013-015-022　受审核方：北京××家电公司　地址：北京市朝阳工业区××号　邮编：100201　电话：010-6891××××　传真：010-6891××××　联系人：×××
1 审核日期：　第二阶段现场审核时间：2013 年 5 月 22~23 日
2 审核范围：电冰箱制冷技术专利权、空调商标注册权及其相关的知识产权管理活动和过程。 主要部门/现场名称：最高管理层、知识产权机构、研发中心、生产部、外贸部、人力资源部、采购部、销售部、企业管理部、财务部
3 审核准则：（1）GB/T 29490—2013 标准；（2）适用的法律法规和其他要求； （3）受审核方现行有效的知识产权管理体系文件　A 版
4 审核组成员： 姓名　性别　注册资格　职责 刘平　男　高级审核员/专业审核员　组长 李红　女　实习审核员　组员 王静　女　高级审核员/专业审核员　组员 郭军　男　实习审核员　组员
5 受审核方主要参加人员： 总经理：刘华　副总经理（管代）：黄建利　总工：张国民　各有关部门负责人
6 审核计划执行情况：　按审核计划实施审核，审核计划无变更。

续表

7 文件审核的情况：第一阶段审核时审核组对公司提交的知识产权管理体系手册及其他的知识产权管理体系文件进行了文件初审，共提出 7 项需修改的意见，公司已于 2013 年 5 月 8 日前对知识产权管理体系文件进行了适当修改，经验证，修改后知识产权管理体系文件基本符合要求。第二阶段审核时审核组结合现场审核，对公司的体系文件的符合性、适宜性和可操作性进行了全面深入审核，基本满足审核标准、法规和公司对知识产权运作的要求。
8 第一阶段审核情况综述：2013 年 5 月 9 日对受审核方进行了第一阶段现场审核，具体情况详见"第一阶段审核报告"。第一阶段现场审核中共提出 6 项一般不符合项，主要分布在 7.3.1、5.4.2、7.4.1、7.6 和 7.5 等知识产权管理体系要素。第一阶段审核发现的不符合项在第二阶段审核前均采取了纠正措施，经审核组验证，纠正措施基本有效。
9 第二阶段审核情况综述：2013 年 5 月 22~23 日对受审核方进行了第二阶段现场审核，在为期两天的审核中，审核组按照审核计划对受审核方与建筑装饰工程的设计、施工和服务及其相关的知识产权管理体系活动的实施情况及其有效性进行了审核。第二阶段现场审核中共提出 5 项一般不符合项，主要分布在 6.1、7.4.1、7.4.3、8.2 和 8.4 等知识产权管理体系要素（具体内容详见不符合报告）。
10 知识产权管理体系总体评价：
10.1 知识产权管理体系文件与审核准则的符合程度：知识产权管理体系文件基本符合 GB/T 29490—2013 规范和适用的法律法规和其他要求，对知识产权管理体系活动起到指导和规范作用，"实施、许可、转让控制程序"的适宜性和可操作性还有待提高。
10.2 知识产权基础管理要求（特别是核心知识产权管理要求）风险的识别和控制情况：受审核方对其自身的活动、产品和服务中能够控制的知识产权管理风险的识别基本齐全，对核心知识产权管理要求的界定较为合理。组织的知识产权管理机构设置较为合理并规定了相应的职责和权限，企业知识产权管理贯穿从技术研发前的创新准备到创新成果产业化的全过程，与企业的生产经营活动密切相连。从引进技术人才、获得风险投资、取得知识产权信息到形成协同力促进组织实现技术转型起到了良好的助推作用。公司配备的知识产权管理资源（含人力、基础设施、信息、财务）配置合理，基本能够满足知识产权管理体系实施运行的需要。 建议：（1）职责和权限规定的一致性和协调性有待提高；（2）知识产权管理是企业长期的任务，需要企业从各个部门、所有员工自上而下、由里到外地积极参与和支持。
10.3 法律法规和其他要求的识别和遵守情况： 公司对法律法规和其他要求的识别和获取较为全面，较好地确定了这些要求在知识产权管理要求中的应用，并按规定的要求进行了检查评价，从现场审核收集的信息来看，受审核方基本能够遵守有关法律法规和其他要求。
10.4 知识产权管理体系运行和保持的基本情况：公司的知识产权管理方针基本符合其经营战略和发展需求，知识产权管理目标较为详细地分解到各有关部门并制订了相应的控制措施，已得到较好的落实。公司确定了核心的知识产权基础管理要求，制订了知识产权的获取工作计划、明确了控制途径，能够保障发明人的署名。建立并完善了知识产权的分类档案；对于知识产权的评估、权属变更、放弃、实施、许可、转让进行较为有效的控制。公司的管理者和员工具备较强的知识产权管理意识，知识产权管理体系基本能够按 GB/T 29490—2013 规范、知识产权管理体系文件的规定和有关的法律法规及其他要求实施运行，知识产权管理体系控制措施基本能够通过知识产权管理体系的运行活动得以落实和实施。 公司能够通过知识产权管理体系的建立完善并加强了知识产权保护的各项工作，从公司新产品的立项对知识产权风险的识别与评估，对关键技术的专利分析，确定产品存在的潜在合作伙伴和竞争对手，确定知识产权规划，有效明确了保护方式和权属，降低了侵权的风险。公司能够从采购、生产、销售、对外贸易、机构重组、标准化工作等多方面开展知识产权的维护与管理，有效提升了公司的稳健转型的战略。 但在对核心知识产权管理要求的运行控制和监测、检查活动中还存在未按规定要求实施控制的现象。

续表

10.5 知识产权管理体系持续适宜性和有效性情况：公司在侵权预防方面采取了一些行之有效的方法，不断强化了合同管理中审查、签订、知识产权权属约定、许可、利益分配的控制环节；对知识产权保密涉及的人员、设备、信息和区域进行了系统管理，使知识产权管理有效性呈上升趋势。
10.6 自我完善和改进机制的情况： 公司实施的合规性检查、监督、评价、内审和管理评审基本符合要求，已收到预期的监控效果，能够针对知识产权管理体系运行中出现的不符合采取相应的改进措施，初步建立并发挥了自我完善和持续改进机制的作用。
11 现场审核结论：推荐认证注册
12 纠正措施要求：经与受审核方商定，所有不符合项的纠正措施在一个月内完成，审核组将对其纠正措施的实施情况及其有效性进行资料验证。
审核组长：刘平　　2013 年 5 月 26 日
13. 认证机构的评审意见：　　　　评审负责人及日期：
14. 认证机构的批准：　　　　批准人及日期：

第七节　审核后续活动

一、审核后续活动与审核的关系

审核后续活动通常不视为审核的一部分。

在知识产权管理体系认证审核中，如果审核组在审核中发现了不符合项，向受审核方提出采取纠正、预防或改进措施的要求后，还需要实施一些审核后续活动。审核后续活动通常可包括以下方面：

（1）受审核方确定和实施纠正、纠正措施或预防措施，并向认证机构报告实施纠正、预防或改进措施的状况。

（2）认证机构委派的审核员对纠正措施的完成情况及其有效性进行验证。

对纠正措施的验证可以是随后审核活动的一部分。例如，知识产权管理体系认证初次审核中提出的有些不符合项的纠正措施的有效性验证可以在随后的监督审核时进行。

二、审核后续活动的目的

（1）促使受审核方针对已发现的不符合项进行清理和总结，认真分析原因，找出不符合的根源，并采取适宜的纠正措施防止类似不符合再次发生，从而进一步完善知识产权管理体系，改善和提高知识产权管理体系内部运行机制，创造良好的运行知识产权管理的条件。

（2）通过对纠正措施的实施及其有效性验证，监控受审核方对不符合项所采取措施，防止问题的滋生和蔓延或进一步扩大而造成更严重的后果，为审核组的审核结论提供依据。

三、审核双方在审核后续活动中的作用和职责

在审核后续活动的实施过程中，受审核方和审核方发挥着不同的作用，承担着不同的职责，但双方应密切合作，协同配合。

1. 受审核方在审核后续活动中的作用和职责

（1）评审不符合项，分析并确定不符合的原因，制定切实可行的纠正措施。

（2）实施纠正措施，并记录纠正措施的实施结果。

（3）评审所采取的纠正措施的有效性。

（4）向认证机构或其委派的审核组（员）报告纠正措施的实施状况，并提交纠正措施实施结果的证据。

2. 审核方在审核后续活动中的作用和职责

认证机构可以委派原审核组的成员对受审核方采取的纠正和/或纠正措施进行验证，也可以另派其他审核员验证纠正、纠正措施。通常情况下，应委派原审核组的成员进行纠正、纠正措施验证，因为原审核组中的审核员熟悉不符合项提出的背景，能够保证验证活动的准确性和有效性。但在这种情况下，应注意在随后的审核活动中保持独立性。例如，某审核员被指派对初次审核中不符合项的纠正、纠正措施进行验证，那么，在随后的监督审核时，最好考虑另派其他审核员去审核与上次发现不符合项有关的

知识产权管理体系活动，以保持审核的独立性。

审核方在审核后续活动中的作用和职责主要包括以下方面：

（1）对纠正和/或纠正措施及其完成情况进行验证，并评价其有效性。

（2）提交纠正和/或纠正措施验证报告，为认证机构最终作出认证决定提供依据。

四、验证纠正措施的方式

无论审核结论是“推荐认证通过”还是“有条件推荐认证通过”，受审核方均应针对所有审核中发现的不符合项采取有效的纠正措施，经过认证机构委派的审核员验证有效后，才能批准认证注册。根据不符合项的严重性及影响程度，可采用以下四种不同的验证方式。

（1）在现场审核期间验证：某些程度轻微的一般不符合项，受审核方在现场审核期间就采取了纠正或纠正措施，审核组可以在撤离之前及时地对纠正或纠正措施进行验证，如经验证纠正措施确已实施并有效，审核组可以在不符合报告中注明验证情况，现场关闭此不符合项。

（2）现场验证：对于需要到受审核方现场才能验证的严重不符合项或一般不符合项，应再次派出审核员（组）到受审核方现场进行重新审核，以检查纠正、纠正措施的实施情况及其效果。

（3）书面验证：对于严重程度轻微且能够通过书面证据判断和评价纠正措施实施情况及效果的不符合项，审核员可对受审核方提交的纠正措施实施证据进行书面验证。

（4）在随后的审核中验证：对于一般性不符合项的纠正措施（ISO/IEC 17021 中的对于任何其他不符合，认证机构已评审并接受了客户计划采取的纠正和纠正措施），可以要求受审核方在限定的时间内先提交纠正措施计划（包括拟实施的纠正措施和预定的完成时间），审核员（组）对纠正措施计划进行评审验证，而对纠正措施实施情况及其有效性的验证可以在随后的审核中再予以验证。

五、验证纠正措施实施情况及其有效性的内容

审核员（组）对受审核方不符合项纠正、纠正措施的验证，无论是采用现场验证、书面验证或者在随后的审核中验证的方式，均需重点关注以下内容。

1. 不符合的原因分析

对于审核中发现的不符合，应要求受审核方在规定期限内分析原因，并说明为消除不符合已采取或拟采取的具体纠正和纠正措施。受审核方针对不符合项进行的原因分析是否准确，是否确切地找到问题的根源，而非避重就轻或浮于表面。

2. 纠正、纠正措施

应审查受审核方提交的纠正和纠正措施，以确定其是否可被接受。针对不符合项的原因所确定的纠正措施计划是否具备可行性和有效性，包括以下方面：

（1）制定的纠正措施是否与不符合的严重性及其影响程度相适应。

（2）制定的纠正措施是否可以防患于未然，是否能举一反三，避免同类问题再次发生。

（3）是否明确了纠正措施的实施/完成时间。

3. 纠正措施的实施情况及其效果

应验证所采取的任何纠正和纠正措施的有效性。所取得的为不符合的解决提供支持的证据应予以记录，并经过认证机构或审核组评审。对不符合的解决进行审查和验证的证据应予以记录。应将审查和验证的结果告知受审核方。

可以通过审查受审核方提供的纠正、纠正措施文件，或在必要时实施现场验证来验证纠正和纠正措施的有效性。

（1）各项纠正措施是否全部完成，实施情况是否有记录可查，例如，如果由于纠正措施引起了相应的知识产权管理体系文件的修改，应请受审核方提供修改后的文件及其相关的记录，验证其修改内容是否充分、适用，

该文件是否按照文件控制的规定实施了相应的修改、批准、发放等手续，修改后的文件是否已被执行等。

（2）各项纠正措施是否按规定的日期完成。

（3）纠正措施完成后的效果如何，是否有效地控制了类似不符合的再次发生。有些纠正措施的效果可以通过对受审核方提供的实施证据进行评价后，判断这些措施是否能够达到防止类似不符合再次发生的效果。但是，有些纠正措施的效果仅通过对实施证据进行评价，是难以完全判断其实际有效性的，在这种情况下，审核员可在验证报告中提请认证机构在随后的审核（如监督审核）中进一步验证纠正措施的有效性。

如果需要对纠正措施的效果进行全面或部分的补充审核，或需要形成文件的证据（在将来的监督审核中予以确认），则认证机构应告知受审核方。

经审核员（组）验证后，认为不符合项的纠正、纠正措施确已按规定实施并有效，且有充分的证据，就可以作出验证结论以关闭不符合项。如果经验证认为纠正、纠正措施没有按规定实施或没有达到效果，应请受审核方重新采取更为有效的纠正措施，并再次进行验证。

第二章　知识产权管理体系审核要点及案例解析

第一节　知识产权管理体系

一、总体要求

【标准条款 4.1】

企业应按本标准的要求建立知识产权管理体系，实施、运行并持续改进，保持其有效性，并形成文件。

【文件评审要点】

查看知识产权手册中相应条款是否内容完整、表述规范，要结合程序文件、制度文件的内容，系统地评价体系文件的符合性和充分性。此外，还应评审行政许可、声明等申请文件。原则上，凡是涉及知识产权管理的事项都应当有相应的规定。

【现场审核要点】

询问企业最高管理者、管理者代表建立知识产权管理体系的总体要求，询问体系策划、形成文件、实施、评审和改进的情况；也可以通过对标准的审核得到相应的答案。

二、文件要求

（一）总则

【标准条款 4.2.1】

知识产权管理体系文件应包括：

a）知识产权方针和目标；

b）知识产权手册；

c）本标准要求形成文件的程序和记录。

注：本标准出现的“形成文件的程序”，是指建立该程序，形成文件，并实施和保持。一个文件可以包括一个或多个程序的要求；一个形成文件的程序的要求可以被包含在多个文件中。

【文件评审要点】

核查企业知识产权管理体系文件是否齐全、规范，包括方针、目标、知识产权手册、程序文件、管理制度、支持性文件、记录。

标准共有10处明确要求编制“形成文件的程序”，包括：4.2.4、5.3.3、6.4、7.1、7.2、7.3.1、7.4.1、7.4.2、7.6、9.2条款。核企业是否按要求针对上述条款建立了程序文件。此外，知识产权管理体系文件一般还包括若干管理制度，文件评审时应根据企业的实际情况对相关制度文件进行审核。

【现场审核要点】

询问体系牵头部门（一般是知识产权部）该组织的体系文件都包括哪些内容，关注企业各个部门所适用的程序或制度文件有哪些。

【案例解析】

2016年5月，审核组对山东某装备制造公司进行知识产权管理体系二阶段现场审核。该公司知识产权部提供了知识产权管理体系文件，文件包括知识产权方针与目标（包含在该企业的《知识产权管理手册》中）、《知识产权管理手册》、11个程序文件以及20个制度文件，记录文件的表格随附在程序文件及制度文件之后。其中，对应标准7.2条款的要求，该企业分别编制了《知识产权维护控制程序》及《知识产权评估控制程序》，上述文件均有审批记录，为审批后发布。

审核员认为，上述审核证据内容充分，标准要求的体系文件均能提供。特别对于GB/T 29490标准7.2条款，该企业为实现管理路径的清晰特意编制了两个程序文件，体现了对于“形成文件的程序”的正确理解，形成的审核发现为该公司的知识产权管理体系文件与 GB/T 29490 标准的要求相符合。

（二）文件控制

【标准条款 4.2.2】

知识产权管理体系文件是企业实施知识产权管理的依据，应确保： a）发布前经过审核和批准，修订后再发布前重新审核和批准； b）文件中的相关要求明确； c）按文件类别、秘密级别进行管理； d）易于识别、取用和阅读； e）对因特定目的需要保留的失效文件予以标记。

【文件评审要点】

（1）查看知识产权手册中相应条款是否内容完整、表述规范。

（2）关注方针、目标、知识产权手册等体系文件的审批记录是否齐全、有效；认可电子签字的版本。

（3）关注是否有形成程序文件或制度文件，如果有，上述文件中对标准要求的各个过程是否有充分和明确的表述，如文件发布、审批等相关规定。

（4）文件控制程序或制度是否覆盖标准所有条款，符合所有要求。

【现场审核要点】

一般审核知识产权部或其他文件管控部门。

（1）询问部门负责人如何实施文件控制。

（2）核查体系文件清单，询问自体系运行以来，体系文件是否进行过修改，并抽查其中一次或几次修改过程的电子版或纸质版的文件审批及更改记录，审批记录是否真实有效；如果没有发生体系文件的修改，则查看体系运行时，文件的发布审批记录。

（3）查看文件中各项规定的表述是否清晰、准确，与实际相符合。

（4）询问体系文件如何分类别管理，对照其分类规定，查看体系文件是否按照要求进行管理。

（5）查看体系文件是否有密级区分，是否符合《保密制度》的要求。

（6）抽查文件是否有统一编号、名称或标识（灵活掌握），是否符合程序文件要求，能否确保易于识别。

（7）查看体系运行之初文件的发放记录，评价发放渠道、发放范围是否能确保易于取用和阅读，必要时在各个部门验证，如果运行中体系文件发生修改，应抽查其中几次修改过程的新版文件发放记录和旧版文件的回收记录。

（8）根据体系文件的修订情况查看是否形成作废文件，对作废文件是否保留。如果有保留，核查已失效但需保留的电子版或纸质版文件有无明显标识；如果没有保留作废文件，询问作废文件的处理方式，并查看销毁审批和销毁记录等文件。

【案例解析】

2018 年 5 月，审核组对云南某企业进行知识产权管理体系二阶段现场审核。该企业多年来一直在努力实现最大化的“无纸”办公，不但建立了 OA 管理系统，而且管理文件多为电子文档。该企业的知识产权主管部门为知识产权办公室，是文件控制的主责部门。根据企业知识产权管理体系文件的版本号 02，审核员判断该企业体系文件经历过改版。知识产权办公室随即在企业的 OA 系统中展示了该体系文件的电子审批记录。记录显示，2017 年体系文件的初次发布、2018 年 3 月文件修订后再次发布均有相关负责人审批的电子戳，符合标准要求。针对其中的《研发过程知识产权控制程序》，审核员询问了研发部相关负责人，该负责人对程序文件的要求理解清楚、到位。审核员进一步了解到，该企业的程序文件均由具体职能部门撰写，知识产权办公室只做技术指导，这种方式最大程度地保证了文件中的各种要求明确，充分实现了文件的可操作性。该企业的 OA 管理系统显示，体系文件经审批后即在相关页面公布，企业职员可随时查阅。原版本体系文件放置于系统的作废文件库中作为失效文件进行管理。《研发过程知识产权控制程序》等文件被标记为秘密级文件，文档加有“秘密”级电子戳。以上审核证据表明，该企业的文件控制符合 GB/T 29490 标准的要求。

此案例的特点在于企业的体系文件均为电子文档，文件审批、控制也依赖于信息技术，这些电子化的信息同样可以作为审核证据使用。

（三）知识产权手册

【标准条款 4.2.3】

编制知识产权手册并保持其有效性，具体内容包括： a）知识产权机构设置、职责和权限的相关文件； b）知识产权管理体系的程序文件或对程序文件的引用； c）知识产权管理体系过程之间相互关系的表述。

【文件评审要点】

（1）检查知识产权手册的内容是否全面、规范，一般包括前言、颁布令、企业简介、管理者代表任命、知识产权方针、目标等。

（2）审核时，检查知识产权手册是否包括知识产权机构设置、职责和权限的相关文件，检查任命书、组织机构图、职责分配表等，检查每个条款的主管部门是否明确，部门职责描述是否与职责分配表一致。

（3）检查知识产权手册是否包括必要的知识产权管理程序与制度、相关流程或对上述文件的引用，以及空白记录表等。

（4）核查各个过程之间关系的描述是否逻辑清楚，过程的接口描述是否清晰。

（5）明确是否有条款删减的情况。申请认证的范围要在行政许可的范围内。

【现场审核要点】

一般审核知识产权部，检查现场提供的知识产权手册是否受控，封面处是否有编号等，知识产权手册内容与管理实施的实际是否相符，评价知识产权手册的有效性。

【案例解析】

2018 年 10 月，审核组对上海某股份有限公司进行知识产权管理体系二阶段现场审核。该公司的《知识产权管理手册》提供了组织机构图、职责分配表、部门职责描述，包括知识产权部在内的各个部门都有明确的职责和权限。对应标准的要求，该《知识产权管理手册》引用了10个程序文件，同时，对过程之间相互关系的表述也描述清晰、明白。如针对GB/T 29490标准6.4的内容，该《知识产权管理手册》明确规定，知识产权部依据《信息资源控制程序》将收集到的专利信息初步分类后，共享至研发部，研发部应充分利用知识产权部提供的专利信息，并将利用的结果按照《信息资源控制程序》的要求每季度末反馈至知识产权部。此描述将信息资源的控制过程与研发过程联系在一起，审核员由此判断该《知识产权管理手册》符合标准的要求。

（四）外来文件与记录文件

【标准条款4.2.4】

编制形成文件的程序，规定记录的标识、贮存、保护、检索、保存和处置所需的控制。对外来文件和知识产权管理体系记录文件应予以控制并确保：
a）对行政决定、司法判决、律师函件等外来文件进行有效管理，确保其来源与取得时间可识别；
b）建立、保持和维护记录文件，以证实知识产权管理体系符合本标准要求，并有效运行；
c）外来文件与记录文件完整，明确保管方式和保管期限。

【文件评审要点】

审查知识产权手册及程序文件是否覆盖标准所有的要求，程序文件的目的、范围、职责等是否明确。

【现场审核要点】

一般审核知识产权部，要求知识产权部负责人提供程序文件，对照程序文件的规定询问检查其日常工作如何开展，根据回答情况逐步深入，覆盖标准的全部要求。

查看《外来文件清单》（如果已建立），查阅最近一段时间的电子版或纸质版的知识产权（如专利、商标、著作权等）外来文件（如行政决定、司法判决、律师函件等有关的通知、文件），抽查几份外来文件的登记记录，查阅文件是否完整，确定来源及取得时间是否清楚。查看保管方式及保管期限是否符合程序文件要求。

专利、商标、软件著作权获取过程中国家知识产权局、版权局等下发的文件都属于外来文件的范畴，特别是具有答复时限的文件要重点关注，如审查意见通知书等。

查询受审核方司法判决相关的文件，与外来文件清单中的外来文件进行核实。查询受审核方专利申请过程中的外来文件，与外来文件清单中的外来文件进行核实。

查看《记录清单》，检查企业是否按照标准要求建立记录，查看记录的完整性，是否明确保管期限及保管方式，关注记录文件的保存期限是否合理，避免所有记录保存期限都是长期、永久之类的情况。

【案例解析】

2015 年 9 月，审核组对重庆某股份有限公司进行知识产权管理体系二阶段现场审核。在审核企业日常文件管理环节，审核员发现国家工商总局等部门向该公司发出的商标申请驳回决定等相关外来文件未登记在该公司的《外来文件登记表》中，按照该公司的《文件控制程序》的要求，《外来文件登记表》应记录上述外来文件的发出时间、保管方式、保管期限等信息，审核员据此开出了不符合项。在此案例中，作为审核证据的《外来文件登记表》内容缺失，不符合审核准则——该公司体系文件中的《文件控制程序》的要求，也不符合审核准则——GB/T 29490 标准 4. 2. 4 的相关要求，没有实现对外来文件的有效管理。

针对上述不符合，该公司分析了原因，认为是由于负责登记《外来文件登记表》的工作人员刚刚接手工作，业务不熟悉导致了问题的产生，好在该文件仍在时效内，对后续可能进行的工作未造成严重影响。该公司立即指导该人员对相关外来文件进行补登，以实现对该不符合的纠正。此外，还实施了纠正措施，对该部门的人员进行培训，培训内容包括

GB/T 29490 标准、相关的程序文件、具有重要时效性的外来文件种类等。审核员根据该企业提供的相关证据进行了书面验证，认为该企业采取的纠正和纠正措施符合要求。

第二节　管理职责

一、管理承诺

【标准条款 5.1】

最高管理者是企业知识产权管理的第一责任人，应通过以下活动实现知识产权管理体系的有效性：

a）制定知识产权方针；

b）制定知识产权目标；

c）明确知识产权管理职责和权限，确保有效沟通；

d）确保资源的配备；

e）组织管理评审。

【文件评审要点】

查看知识产权手册是否覆盖标准条款的要求，重点查看方针、目标的批准时间与批准签名。

【现场审核要点】

与最高管理者面谈，了解最高管理者为实现知识产权管理体系的有效性做了哪些工作，涉及知识产权方针、目标的制定，组织机构设置、资源配备、管理评审等内容，可以和后面相关章节结合起来进行审核。了解最高管理者进行上述工作的思路，具体实施方法等。

【案例解析】

2018 年，审核组对山东某公司进行知识产权管理体系二阶段现场审核。受审核方为该公司负责人（总经理），据了解，该负责人为多项专利的发明人，非常重视知识产权管理工作，该公司的主商标也有数十年的历史，在国内知名度较高。审核过程中，该负责人讲述了自己制定知识产权方针、目标的思路及过程，并表示在他的带领及影响下，公司员工普遍重视知识产权工作。为鼓励员工积极参与，公司特别制定了相关政策，对于通过专利代理人资格考试的员工予以奖励。此外，公司每年都有专门的经费用于知识产权申报、维护及培训，在最近一次知识产权管理体系的管理评审中，该负责人不但主持了评审会议，还特别提出加强商业秘密保护的评审内容，落实商业秘密保护的相关措施也作为此次管理评审的输出内容之一。根据各部门的工作内容，该负责人亲自分配了职责和权限，有的部门负责商标申请维护，有的部门负责专利申请维护，有的部门负责侵权打假，部门之间的工作形成良性互动，确保了沟通的有效性。经审核员与相关部门后续核实，上述内容均有明确的审核证据作为支撑，审核员因而判定该负责人作为企业知识产权管理的第一责任人，切实通过自己的工作实现知识产权管理体系的有效性，审核发现为符合 GB/T 29490 标准的要求。

二、知识产权方针

【标准条款 5.2】

最高管理者应批准、发布企业知识产权方针，并确保方针： a）符合相关法律和政策的要求； b）与企业的经营发展相适应； c）在企业内部得到有效运行； d）在持续适宜性方面得到评审； e）形成文件，付诸实施，并予以保持； f）得到全体员工的理解。

【文件评审要点】

查看方针是否和相关的法律法规及企业的经营发展相适应，审批时间与批准人是否符合标准要求。

【现场审核要点】

询问最高管理者对公司经营战略、科技战略和知识产权战略的理解，综合相关信息后评价方针是否与公司经营发展相适宜，方针如何制定，经过哪些评审流程，是否向全体员工宣贯，在企业内部如何运行。在其他部门审核时，关注员工是否对方针理解到位。监督审核时，还要关注方针的定期评价。

三、策划

（一）知识产权管理体系策划

【标准条款 5.3.1】

最高管理者应确保： a）理解相关方的需求，对知识产权管理体系进行策划，满足知识产权方针的要求； b）知识产权获取、维护、运用和保护活动得到有效运行和控制； c）知识产权管理体系得到持续改进。

【文件评审要点】

查看知识产权手册是否覆盖标准条款的要求。

【现场审核要点】

与最高管理者面谈，了解相关各方的需求以及对知识产权管理体系的策划情况，判断是否满足知识产权方针的要求。了解最高管理者如何通过策划使得知识产权获取、维护、运用和保护活动得到有效运行和控制并确保知识产权管理体系得到持续改进。

（二）知识产权目标

【标准条款 5.3.2】

最高管理者应针对企业内部有关职能和层次，建立并保持知识产权目标，并确保： a）形成文件并且可考核； b）与知识产权方针保持一致，内容包括对持续改进的承诺。

【文件评审要点】

审核员要能理解知识产权方针的内容，并检查知识产权目标是否与方针的内容相一致。按照方针的要求，是否针对不同职能部门、层次（管理层次等，各个层次的目标要相互支持）对目标进行分解，分解出的目标（可以分为中长期、短期；各个部门、岗位的目标）是否合理，是否形成文件并可考核，是否有对持续改进的承诺，还要关注审批是否完整有效。

【现场审核要点】

审核管理层时，可以结合方针的内容，询问其对企业知识产权的长期目标、中期目标、年度目标的理解，目标中是否考虑了持续改进，企业有无对目标进行分解、分解的理由、目标如何考核等。

审核知识产权等部门时重点询问具体的部门目标分解（与部门职责是否匹配）、考核办法、考核周期，查看考核记录（关注目标的执行情况），目标有无阶段性调整，有无针对考核问题改进的记录。查看主要部门的目标、最近一期考核情况有无改进。

审核各个部门知识产权目标时，首先，查看目标分解是否能够全面涵盖该部门的主要职责。其次，评价分解目标是否可考核。最后，审核期间跨年度的，一定要提供目标考核记录，如果不跨年度，计划目标考核周期还不到，但是也应该在前面进行的内审和管评中评价各个部门目标的完成进度。

【案例解析】

2019 年 6 月，审核组对广东某电器有限公司进行知识产权管理体系二阶段现场审核。审核员发现，该企业的年度知识产权目标分解到各部门，但是各部门的分解目标与部门的日常职责关联不大，特别是海外销售部及总经办问题比较突出，因此开具了不符合项。

受审核方及时进行原因分析，认为体系运行初期，负责体系建立的相关人员对于标准条款理解不到位，尤其是对标准中“针对企业内部有关职能”的要求缺乏足够认识，导致不符合的出现。为此，在最高管理者的带领下，该公司管理者代表、各部门负责人按照部门职责重新制定了切合实际的知识产权目标，目标便于考核且与该公司的知识产权方针保持一致，经最高管理者批准后再次发布。同时，由管理者代表牵头，对最高管理者、各部门负责人、知识产权部全员进行培训，培训内容为 GB/T 29490 标准等。审核员根据该企业提供的相关证据进行书面验证，认为该企业采取的纠正和纠正措施符合要求。

（三）法律和其他要求

【标准条款 5.3.3】

最高管理者应批准建立、实施并保持形成文件的程序，以便： a）识别和获取适用的法律和其他要求，并建立获取渠道； b）及时更新有关法律和其他要求的信息，并传达给员工。

【文件评审要点】

审核知识产权手册及程序文件，是否满足标准条款的要求。查看法律与其他要求的清单，检查收集的内容是否充分和适宜（法律、法规、地方的规定），并且为有效版本。

【现场审核要点】

审核管理层时，询问与本企业有关的知识产权法律和其他要求包括哪些，从哪些渠道可以获取，由哪个部门具体分管。

审核分管部门时，审查控制程序，询问如何实施该程序。审查法律与其他要求的清单是否覆盖全面，询问获取渠道有哪些（具体程序要满足实际需求），更新频率是否符合程序文件要求，抽查员工获取的若干部法律是否为最新版本，询问企业员工如何看到（传达）这些法律或要求。

查看受审核方所收集的法律法规，判断能否满足受审核方知识产权管理的需要，查看法律法规文件的传递和下发记录，必要时可进行现场验证。如果审核涉及的时期覆盖体系文件中规定的法律和其他要求的更新频率，应查看法律法规更新的情况，特别是其间有关法律法规新发布或修订的，重点进行查看。

【案例解析】

2019 年，审核组在深圳某有限公司进行知识产权管理体系二阶段现场审核。审核员发现，虽然该公司知识产权部负责人收集了 40 部包括《专利法》《著作权法》《商标法》等在内的与知识产权相关的法律法规，且法律法规为最新版本，但不能提供将这些收集到的法律法规向员工传达的记录。经询问，该负责人表示确实未向公司的员工传达。审核员据上述审核证据认为相关管理不符合标准的要求并开具了不符合报告。

针对上述不符合，该公司分析了原因。管理者代表认为是由于相关负责人对于标准的理解不到位导致了问题的产生并对该不符合予以纠正，将相关的法律法规传达给全体员工，结合各岗位职责，对法律法规的内容分岗位进行详细的培训。为避免类似的情况再次发生，又实施了纠正措施，对该部门进行全员培训，培训内容包括 GB/T 29490 标准、相关的程序文件等。审核员根据该企业提供的相关证据进行书面验证，认为该企业采取的纠正和纠正措施符合要求。

四、职责、权限和沟通

（一）管理者代表

【标准条款 5.4.1】

> 最高管理者应在企业最高管理层中指定专人作为管理者代表，授权其承担以下职责：
>
> a）确保知识产权管理体系的建立、实施和保持；
>
> b）向最高管理者报告知识产权管理绩效和改进需求；
>
> c）确保全体员工对知识产权方针和目标的理解；
>
> d）落实知识产权管理体系运行和改进需要的各项资源；
>
> e）确保知识产权外部沟通的有效性。

【文件评审要点】

查看手册内容是否符合标准要求，查看管理者代表任命书。

了解管理者代表的级别是否属于最高管理层。

【现场审核要点】

约谈管理者代表。询问履行哪些责任；对于知识产权管理体系的建立、实施、运行开展了哪些工作；如何保证全体员工对方针、目标的理解；落实了哪些资源；与哪些外部单位进行了沟通、如何沟通；向最高管理者汇报哪些内容。

【案例解析】

2017年，审核组对山东某科技公司进行现场审核。审核员了解到，该公司的知识产权管理体系管理者代表为主管生产的副总经理。该管理者代表早年通过了专利代理人资格考试，同时也是该公司多个管理体系的管理者代表。该管理者代表对自己的职责描述清晰，曾通过巡讲的方式为各部门讲解过公司的知识产权方针及目标（此点经审核员与各部门沟通得到证实）。由于是多个体系的管理者代表，该负责人对管理体系的建立、实施和保持较为熟悉，注重新人的可塑性，在各部门选拔并培养了多位有潜力的员工作为知识产权管理体系的骨干人员，确保了知识产权管理体系的有效运行。通过向最高管理者建议，为公司招募了重要的知识产权人才并亲自负责每年知识产权培训工作的落实。此外，该负责人非常关注客户、监管者、同业竞争者及其他相关方的需求、要求、动态，通过较为全面的外部沟通渠道获取信息，特别是和知识产权有关的信息，以辅助高层决策。经过充分交流，审核员认为，该管理者代表对自己的职责清楚并能落实到位，符合GB/T 29490标准的要求。

（二）机构

【标准条款5.4.2】

建立知识产权管理机构并配备专业的专职或兼职工作人员，或委托专业的服务机构代为管理，承担以下职责： a）制定企业知识产权发展规划； b）建立知识产权管理绩效评价体系； c）参与监督和考核其他相关管理机构； d）负责企业知识产权的日常管理工作。 其他管理机构负责落实与本机构相关的知识产权工作。

【文件评审要点】

手册应记载企业知识产权管理各相关部门的职责描述，检查知识产权管理部门的职责是否全面，相关部门职责是否明确。查看《知识产权管理体系组织机构图》，查看图中各个机构是否和职责描述相对应。查看《职责分配表》，查看各项条款对应的主责部门是否清楚。

【现场审核要点】

审核管理层时，询问是否制定知识产权发展规划，知识产权管理体系涵盖哪些部门，简述各部门的主要职责，对知识产权工作人员有哪些专业要求，专职还是兼职，是否有托管情况（关注托管合同、协议），是否建立知识产权管理绩效评价体系，如何进行体系的绩效评价和部门的考核。评价管理层对于体系的机构设置、责权和权限是否熟悉。

审核每个部门时，询问部门负责人是否熟知本部门的知识产权管理职责，检查是否与手册规定一致。

审核知识产权部门时，还要询问如何制定企业的知识产权规划，体系绩效评价的方式与途径，查看各部门的绩效考核记录。

【案例解析】

2017 年，审核组对北京某科技公司进行知识产权管理体系二阶段现场审核。经了解，该公司数年前曾在境外遭遇知识产权诉讼，最终付出了高额赔偿的代价。经历此事件后，该公司管理层对知识产权管理非常重视，特别设置了知识产权部，赋予该部门较高的权限，使得知识产权部在该公司具有举足轻重的地位。通过该部门提供的资料，审核员了解到，知识产权部负责制定该公司的知识产权年度规划，并制定月度、季度的知识产权（专利）考核指标，监督相关部门相关岗位的指标完成情况，指标的完成直接关系到相关人员的收入。此外，其他部门涉及知识产权的工作也由知识产权部负责监督考核。查阅了相关记录并与各部门负责人交流后，审核员认为，该知识产权部的部门职责符合 GB/T 29490 标准的要求。

（三）内部沟通

【标准条款 5. 4. 3】

建立沟通渠道，确保知识产权管理体系有效运行。

【文件评审要点】

查看手册中相应条款是否内容完整、表述规范。

【现场审核要点】

询问管理层内部沟通有哪些机制，主要做法。

审核各个部门时，核查会议记录、内部管理系统、电邮系统等记录，评价能否保证有效沟通。

五、管理评审

（一）评审要求

【标准条款 5.5.1】

最高管理者应定期评审知识产权管理体系的适宜性和有效性。

【文件评审要点】

查看手册中相应条款是否内容完整、表述规范。如果企业提供了程序文件，应检查程序文件的内容是否充分和适宜，其内容（评审时机、有无具体主管部门、参与人员、输入项、输出项等）是否符合标准要求。

【现场审核要点】

审核管理层时，询问企业有没有进行管理评审，如何进行的，有什么效果。

（二）评审输入

【标准条款 5.5.2】

评审输入应包括： a）知识产权方针、目标； b）企业经营目标、策略及新产品、新业务规划； c）企业知识产权基本情况及风险评估信息； d）技术、标准发展趋势； e）前期审核结果。

【文件评审要点】

检查最近一次管理评审（初审申请阶段提交；监审可以要求企业提

供）的相关记录。

【现场审核要点】

查看程序文件对管理评审频率的要求，判断其适宜性，并查看审核期间应进行几次管理评审，实际进行了几次，是否满足程序的要求。审查管理评审计划、输入材料等，查看最近一期的管理评审记录。审查输入项是否有标准要求的相关内容以及评审计划、通知、内审报告等。

管理评审输入项应该在管理评审材料中有具体内容的体现，如写明具体的企业经营目标、策略是什么等。

【案例解析】

2015 年，审核组对重庆某股份有限公司进行知识产权管理体系二阶段现场审核。截至现场审核日，该公司组织了一次知识产权管理体系的管理评审活动。审核员查阅此次管理评审的相关记录，在管理评审报告及相关文件中，未见到关于“技术、标准发展趋势”输入项的任何信息，也未见到关于“资源需求”的管理评审输出项内容。经与该企业知识产权部负责人交流，对方表示召开管理评审会议前，确实未对“技术、标准发展趋势”输入项材料做准备，输出项也忽略了关于“资源需求”的内容。审核员据此开具了不符合项，其中包括不符合关于 GB/T 29490 标准 5.5.1 条款和 5.5.2 条款的内容。

针对上述不符合项，该公司分析原因，管理者代表认为是由于相关负责人对于标准的理解不到位导致问题的产生。为了纠正不符合项，该公司最高管理者重新组织了一次管理评审，评审的输入材料包括项标准要求的相关内容，输出项也覆盖了标准的要求。此外，还实施了纠正措施，对最高管理者、管理者代表、负责管理评审具体事务的部门进行培训，培训内容包括 GB/T 29490 标准、相关的程序文件等。审核员根据该企业提供的相关证据进行书面验证，认为该企业采取的纠正和纠正措施符合要求。

（三）评审输出

【标准条款 5.5.3】

评审输出应包括： a）知识产权方针、目标改进建议； b）知识产权管理程序改进建议； c）资源需求。

【文件评审要点】

检查最近一次管理评审（初审申请阶段提交；监审可以要求企业提供）的相关记录。

【现场审核要点】

审查《管理评审报告》的输出项是否有标准要求的相关内容，以及评审会议纪要、签到表等。检查评审报告是否包含所发现问题、整改措施及整改落实情况等内容。

第三节　资源管理

一、人力资源

（一）知识产权工作人员

【标准条款 6.1.1】

明确知识产权工作人员的任职条件，并采取适当措施，确保从事知识产权工作的人员满足相应的条件。

【文件评审要点】

手册中相应条款是否内容完整、表述规范，是否明确受审核方知识产权工作人员，并对应有其相应的任职条件要求，如岗位说明书等。

【现场审核要点】

询问人力资源部门负责人知识产权工作人员的任职条件要求、数量、专职/兼职情况，关键岗位人员的设置。

查看《岗位说明书》《招聘要求》或《岗位能力任职要求》等类似文件，判断有无明确的任职条件要求，判断任职要求是否涵盖有关知识产权工作的要求，能否满足该岗位的工作要求。

确定知识产权工作人员的数量，抽查关键岗位人员的人事档案（外语、学历、专业、工作经历等），判断是否符合岗位要求，在招聘、岗位调动等环节是否按照这些条件的要求进行运作。若不满足这些条件，采取了哪些措施（如培训等）以保证能够达到条件要求。

【案例解析】

某公司由知识产权部负责知识产权的管理，其中部分人有法律背景，多数人拥有技术背景。审核组在进行知识产权管理体系二阶段现场审核过程中查看知识产权人员的任职情况，发现该公司的知识产权管理有一个很重要的特点，就是知识产权人员任职条件要求法律人员和技术人员配合，共同处理知识产权业务。知识产权部和研发部密切联系，负责协助研发技术人员取得知识产权、保护公司的权利、防止侵犯他人的知识产权，同时经常举办相关技术和法律的培训，让知识产权工作人员集技术性和法律性于一身，更好地为企业服务。

审核员将上述审核证据与审核准则 GB/T 29490 标准中的 6.1.1 进行对照并进行评价，认为证据表明该公司的相关管理是符合准则要求的。

（二）教育与培训

【标准条款 6.1.2】

组织开展知识产权教育培训，包括以下内容： a）规定知识产权工作人员的教育培训要求，制定计划并执行； b）组织对全体员工按业务领域和岗位要求进行知识产权培训，并形成记录； c）组织对中、高层管理人员进行知识产权培训，并形成记录； d）组织对研究开发等与知识产权关系密切的岗位人员进行知识产权培训，并形成记录。

【文件评审要点】

查看手册中相应条款是否内容完整、表述规范。

【现场审核要点】

查看人力资源部门的年度培训计划，查看有无涉及知识产权员工、全体员工、中高层管理人员、与知识产权关系密切的人员等四类人员的培训计划；询问体系运行期间共进行了几次培训，是否按照培训计划执行；抽取一定数量的培训记录，查看并记录。

对于全体员工的培训，不要求一次性完成，可以分岗位、分领域，多次进行。

【案例解析 1】

审核组于 2018 年对某公司进行知识产权管理体系二阶段现场审核时发现，因业务发展需要，该公司于 2017 年 10 月购买了 2 件商标。2 件商标的核准注册日期均为 2008 年 11 月 12 日，应于 2017 年 11 月 12 日至 2018 年 11 月 11 日的 12 个月内办理续展手续。但该商标现在已经到期并没有续展，询问相关知识产权工作人员得知由于其对商标续展期限不了解，未及时对购买的商标进行续展。该人员为 2018 年 6 月入职该公司，负责知识产权维护相关工作，对于商标、专利保护期限，商标、专利维护工作均不太了解，任职条件也并未有相关要求，加之入职时间较短，也未参加知识产权相关培训，导致未及时对商标续展，给公司造成损失。查看该公司知识产权教育培训相关资料，因知识产权部为新成立的部门，未针对该部门有教育培训计划。

上述证据表明该公司未对知识产权工作人员有相关的培训计划和安排，相关管理是不符合准则要求的，审核员据此开具了不符合性。

针对上述不符合，该公司分析原因，认为培训计划于年初制订，知识产权部年中成立，疏漏了知识产权部工作人员的教育培训工作，导致问题的产生。好在该商标还在续展期内，该公司立即指导该人员对相关商标进行续展申请，又实施纠正措施，对该部门的人员进行培训，培训内容包括 GB/T 29490 标准、相关的程序文件、专利商标的基本知识等。审核员根据该企业提供的相关证据进行了书面验证，认为该企业采取的纠正和纠正措施符合要求。

【案例解析 2】

某公司是领先的监控产品供应商和解决方案服务商，面向全球提供领先的视频存储、前端、显示控制和智能交通等系列化产品，每年近 10% 的销售收入投入研发确保技术创新所需。

审核组进行知识产权管理体系二阶段现场审核时发现，该公司的知识产权培训形式多样，包括每月一次新员工知识产权培训；知识产权部专家负责每半年度面向公司各个国家代表的知识产权培训；知识产权部每半月至一个月对各业务部门的培训；知识产权部外部培训；按需求专项问题培训；参加对外培训，以及培训后内部转训；公司内部门户网站的学习平台上放置学习资料，每个员工自选不定期学习。学习培训记录在该公司内部网站学习平台。公司每一个员工可设账号登录学习，不同员工等级不同权限不同，平台对每一个员工学习情况进行记录，并设有学习积分，作为考评要素。人力资源中心培训管理专员可以在学习平台中记录培训计划表，记录培训执行的详细情况，详尽到培训开始时间、结束时间以秒计。

通过现场查看该公司的培训计划及培训体系，分类别培训，分权限学习，根据学习情况考评，该公司相关管理是符合准则要求的。

（三）人事合同

【标准条款 6.1.3】

通过劳动合同、劳务合同等方式对员工进行管理，约定知识产权权属、保密条款；明确发明创造人员享有的权利和负有的义务；必要时应约定竞业限制和补偿条款。

【文件评审要点】

查看手册中相应条款是否内容完整、表述规范。

【现场审核要点】

询问人力资源部负责人在处理人事合同等事项时，从知识产权角度，需要注意哪些问题。确定体系运行以来入职的员工数量，抽查一定数量与新入职员工签订的劳动合同，是否约定了知识产权权属和保密条款，是否明确了发明创造人员的权利义务等内容，查看有无竞业限制和补偿条款，进一步判断合同条款的合理性。可重点关注研发部、知识产权部等重点岗位人员的劳动合同，必要时也可以查看体系建立以前签订的人事合同。

【案例解析 1】

审核员在对东莞某公司进行知识产权管理体系二阶段现场审核时发现，该公司与业务员均签署了保密协议，详细约定了知识产权权属、保密条款；明确发明创造人员享有的权利和负有的义务，并且对保密信息的保密措施非常有效。知识产权负责人介绍该公司曾经发生过相关法律纠纷。曾某原是该公司业务员，入职时签署了人事合同和保密协议，约定了保密条款。后曾某从该公司离职，离职不到一个月，曾某就与该公司的客户进行业务往来。该公司认为曾某离职后没有遵守保密协议的约定，利用在职期间从该公司获取的客户名单、经营渠道等深度信息，从事与该公司构成竞争的业务，遂提起诉讼。经法院判定，曾某在离职后违反保密协议，使用了该公司的客户信息，曾某的行为侵犯该公司的商业秘密，应停止侵权，并承担相应的赔偿责任。

经过此事后，该企业和员工签订人事合同的同时也签订保密协议，并对客户名单、经营渠道等信息均采取有效的保密措施，故客户信息满足了秘密性、实用性和保密性，构成商业秘密，员工违反保密协议，侵犯企业的商业秘密，应承担相应的法律责任。

上述审核证据和审核准则与 GB/T 29490 标准中的 6. 1. 3 有关，并且该公司相关管理是符合准则要求的，这一结果，则是此案例中的审核发现。

【案例解析 2】

某公司研发、销售的产品包括应用于侦察监控装置的软件及硬件。该公司的部分项目是与 A 高校合作的，在项目产品的开发设计过程中，A 高校会委派部分学生参与，该公司则向参与设计的学生支付相应报酬。

审核组进行知识产权管理体系二阶段现场审核过程中了解到针对以上校企合作模式，该公司通过以下两种主要方式防止重要产品技术信息泄露：(1) 在正式投入项目工作前，该公司与参与项目的学生签订《保密协议》，该协议约定了保密事项、保密期限和知识产权权属等内容，其中，保密期限为自学生参与项目之日起至正式毕业，且参与设计的内容不得擅自用于发表论文或申请专利；（2）该公司将项目产品主模块分解为若干子模块，并分别安排不同的学生进行设计，各子模块设计完成后，由该公司研发部负责人进行整合。审核现场，该公司提供了其中一个项目与所有参与项目的学生签订的《保密协议》，该协议约定了保密事项、保密期限和知识产权权属等内容。产学研合作是目前比较常见的资源共享方式，可实现双赢。在此种方式下，学生是比较特殊的群体，尽管在校生的知识产权背景比较简单，只有少数能够发表核心论文或申请专利，但是仍然要警惕学生泄露商业信息或技术信息的情况，做到未雨绸缪，避免公司知识产权流失。学生虽然不是该公司的正式员工，但作为参与项目的技术人员，通过《保密协议》的方式，对项目期间的保密事宜进行约定，也是符合准则要求的。

（四）入职

【标准条款 6.1.4】

对新入职员工进行适当的知识产权背景调查，以避免侵犯他人知识产权；对于研究开发等与知识产权关系密切的岗位，应要求新入职员工签署知识产权声明文件。

【文件评审要点】

查看手册中相应条款是否内容完整，表述规范。

【现场审核要点】

明确体系运行以来新入职员工的数量，进行合理抽样，抽查新入职员工入职材料的背景调查记录（记录表、电话记录），查看其中是否进行知识产权相关的调查，并判断调查的准确性。询问是否与研究开发等与知识产权关系密切的员工签署了知识产权声明文件。

【案例解析】

审核组对江苏某公司进行知识产权管理体系二阶段现场审核时，查看员工入职时的背景调查文件及与知识产权关系密切岗位的员工知识产权声明文件，该公司已经准备更新员工入职的制度要求，包括背景调查和合同、保密、知识产权声明文件签署等。询问知识产权负责人，原来该公司上周刚收到广东某公司发出的警告函，该公司的技术顾问A涉嫌侵犯广东某公司商业技术秘密。

审核组现场查看了A的背景调查文件，仅调查了基本信息、原单位、职位等基本信息，并未了解劳动者与原单位是否签有竞业限制协议、保密协议、培训协议等可能承担违约责任的协议，劳动者是否与单位解除了劳动关系，劳动者与原单位是否存在劳动争议或者其他经济纠纷等信息。而该公司技术顾问A的原雇主公司为同行业竞争对手广东某公司，在原雇主公司从事技术工程师一职，A离职后与原雇主签订有竞业禁止协议。江苏某公司对A未进行有效的入职背景调查，也未要求A签署知识产权声明，因此收到广东某公司发出的警告函。

审核现场该公司提供的原入职管理制度并未明确知识产权背景调查的内容，同时对于研究开发等与知识产权关系密切的岗位，也没有要求新入职员工签署知识产权声明文件的相关规定，因而作为审核证据表明该公司的相关管理是不符合准则要求的，开具了不符合报告。

该公司分析了导致这些问题的原因，认为原来对于背景调查的理解只是停留在表面，调查时针对技术人员背景等问题没有引起重视，只在填写表单形式上进行了背景调查，在收到警告函后已经意识到问题所在。同时经过知识产权管理体系认证工作，进一步认识到此项工作的重要性。他们修订了相关入职制度要求以满足标准要求，又实施了纠正措施，按最新要求对本年度入职人员重新进行背景调查，避免此类事件再次发生。审核员根据该企业提供的相关证据进行书面验证，认为该企业采取的纠正和纠正措施符合要求。

（五）离职

【标准条款6.1.5】

对离职员工进行相应的知识产权事项提醒；涉及核心知识产权的员工离职时，应签署离职知识产权协议或执行竞业限制协议。

【文件评审要点】

查看手册中相应条款是否内容完整、表述规范。

【现场审核要点】

明确体系运行以来离职员工的数量，进行合理抽样。抽查近期普通岗位离职人员的离职手续及相关材料，是否包括约谈记录，查看其中是否有知识产权事项提醒，抽查涉及核心知识产权的员工的离职材料，查看知识产权离职协议的签署情况或竞业限制协议的执行情况。

【案例解析 1】

某公司自 2016 年 12 月 1 日开始运行知识产权管理体系，审核组在 2019 年 8 月进行了初次认证以来的第二次监督审核。现场审核过程中发现，该公司在人员离职时明显加强了知识产权方面的关注，对与知识产权密切相关的离职员工进行知识产权相关事项提醒，减少了由于核心人员离职可能造成核心技术秘密泄露的情况。同时涉及核心知识产权的员工离职时，都签署离职知识产权协议或执行竞业限制协议，审核现场抽查的离职员工材料均有知识产权提醒情况材料，技术岗位离职的员工都签署离职知识产权协议。

人力资源部负责人介绍，体系运行以来，在知识产权部和人力资源部的配合下，已经将离职员工涉及知识产权的各种情况都梳理清楚，并几次更新制度，实际都按规定执行，上述审核证据表明该公司的相关管理是符合准则要求的。

【案例解析 2】

某公司是一家专业生产滚动轴承生产销售的高新技术企业，年产轴承千万套，年销售额上亿元。公司以前在行业里具有明显优势，由于近年来技术秘密保护不当以及保护不力，导致市场占有率明显下滑。

审核员在进行知识产权管理体系二阶段现场审核时查看公司的离职人员名单，其中技术部原负责人 2019 年年初离职，离职时公司要求与之签订知识产权协议，但遭到拒绝。其声称不用签，保证不会泄密，说今后还要回来的。现场审核无法提供该技术人员的离职知识产权协议。由于其长期负责公司的研发项目及项目申报类工作，其离职后公司一直未找到合适的接替人员，其离职至今，公司专利的撰写及项目申报工作依旧由其实施，但未签订劳务合同和保密协议。公司每月为其发放工资，走的是企业工资账户，未缴纳社保，社保由其现任职公司缴纳。公司在未与其签订保密协议及劳务协议的情况下，依旧由其处理专利申请及项目申报等活动，对于企业的知识产权保护造成极大的风险隐患，同时还存在经营的其他法律风险。

上述审核证据表明该公司的相关管理是不符合准则 GB/T 29490 标准 6.1.5 要求的，因此开具了不符合。针对上述不符合，该公司分析原因，认为是由于人力资源部门对离职人员的知识产权意识薄弱造成的。该公司组织了人力资源部的培训，包括对入、离职人员的知识产权要求等。由法务人员立即和该技术人员进行沟通，签署在离职期间仍负责公司项目及专利等涉及知识产权信息的相关保密等约定，同时尽快招聘人员接替相关工作。审核员根据该企业提供的相关证据进行书面验证，认为该企业采取的纠正和纠正措施符合要求。

（六）激励

【标准条款 6.1.6】

明确员工知识产权创造、保护和运用的奖励和报酬；明确员工造成知识产权损失的责任。

【文件评审要点】

查看手册中相应条款是否内容完整、表述规范。

【现场审核要点】

询问知识产权部负责人公司是否在创造、运用和保护层面建立了知识产权奖惩制度，询问奖惩办法、奖惩情况。是否有发生知识产权奖惩，如果没有，核对奖惩制度是否符合制度要求；如果有发生，现场查看相关奖惩记录，判断是否符合知识产权奖惩制度或专利法的要求。

【案例解析 1】

某公司是一家致力于研发、生产、销售通信设备的企业，企业领导非常重视知识产权管理，建立有知识产权创造、保护和运用的制度，规定奖励和报酬的同时约定了造成损失的责任，制度中规定一个授权发明专利奖励 1 万元的力度来鼓励研发人员的创新热情。

审核组根据奖励制度现场查看知识产权奖励情况，均已发放给发明人，每项奖励都有发明人签收的证明，2018 年 1~6 月，仅仅是给发明人的奖励就达到 100 万元，并且专门成立了知识产权部门来推动知识产权管理规范的落地。

在良好的奖励制度下，员工的知识产权创造和运用的积极性有了极大提高，企业知识产权数量和质量都有大幅度提高，营造了尊重知识产权、尊重创新的文化氛围。当年度的知识产权目标确定为申请专利 900 件，最终取得申请专利 1000 件、注册商标 500 余件、覆盖全球 100 多个国家和地区，软件著作权 150 件的丰硕成果。

审核员将上述审核证据和审核准则 GB/T 29490 标准中的 6. 1. 6 进行对照并进行评价，认为该公司的相关管理是符合准则要求的。这一结果，则是此案例中的审核发现。

【案例解析 2】

某公司在其现行有效的《专利管理奖惩细则》中规定，公司对被授予专利权的发明人应发放奖励和报酬，一项发明专利受理后奖励人民币 1000 元，授权后奖励人民币 2000 元，并一次性发放实施报酬人民币 3000 元，奖励与报酬由数个发明人均分。

审核组在审核过程中发现该公司的奖励和报酬发放按照《专利管理奖惩细则》实施，其中发明人之一作为该公司的董事长实际上没有参与发明的过程，因此其不参与奖金的分配，且在实际中也并未领取过分配奖金。但在正常发放之余，审核员发现该公司技术人员流动性极大，而发明授权周期较长，存在授权后奖励和报酬发放时技术人员已经离职，并未发放的情况。查看奖励名单，其中王某作为研究员，领取了多项发明专利受理奖励，这些专利王某均为发明人，该公司为专利权人。2017 年王某正式离职，其原先在职期间的多项发明被授予专利，该发明专利均为王某在职期间努力工作所完成的职务技术成果。然而，该公司在王某离职后拒绝向王某支付上述奖励。审核员询问此类情况的处理方式，对方工作人员告知王某已经为此向该公司发律师函催促其支付上述款项，该公司的处理方式为不予理会。

审核组将上述审核证据和审核准则 GB/T 29490 标准中的 6.1.6 进行对照并进行评价，认为证据表明该公司在知识产权奖励报酬方面的管理与制度要求存在漏洞，会导致知识产权纠纷。这一结果，则是此案例中的审核发现。后续了解事情情况进展，最终王某将该公司诉至深圳市中级人民法院，判决该公司于判决生效之日起 10 日内向王某支付奖励金额计人民币近万元。

审核组建议企业规范公司的知识产权内容标准化管理制度：对职务发明人的奖励与报酬按照法律的规定制定合理的奖励制度，以免出现不必要的纠纷。

二、基础设施

【标准条款 6.2】

根据需要配备相关资源，以确保知识产权管理体系的运行： a）软硬件设备，如知识产权管理软件、数据库、计算机和网络设施等； b）办公场所。

【文件评审要点】

查看手册中相应条款是否内容完整、表述规范。

【现场审核要点】

询问知识产权部负责人需要哪些基础设施，是否已经满足需求。

现场查看办公场所，办公场所内计算机、打印机等办公设备设施的配备及使用维护情况，配备是否充分，运行状态是否良好，知识产权相关软件、数据库维护情况等。

三、财务资源

【标准条款 6.3】

应设立知识产权经常性预算费用，以确保知识产权管理体系的运行： a）用于知识产权申请、注册、登记、维持、检索、分析、评估、诉讼和培训等事项；

b）用于知识产权管理机构运行；
c）用于知识产权激励；
d）有条件的企业可设立知识产权风险准备金。

【文件评审要点】

查看手册中相应条款是否内容完整、表述规范。

【现场审核要点】

在财务部门查看企业的经常性预算，查看是否建立了知识产权方面的年度预算，预算情况如何，领导是否正式审批签字。

查看财务部经费使用情况，有无用于专利申请、注册、登记、检索、奖励等事项的财务报销、请款、审批记录等。抽查几项知识产权费用支出的情况，查看具体记录等。

查看企业有无建立知识产权风险准备金。

【案例解析】

"因为有了较为充足的预算，我们的创新成果才获得了中国专利金奖。"某公司产品规划部经理表示。

审核组在审核现场发现，该公司每年的知识产权预算都是根据前一年度技术投入、销售情况等合理计算后制定的。例如，2018 年以销售收入的 10% 投入研发，再将其中约 3% 的预算作为企业知识产权工作的经费，这些经费除了用于日常知识产权工作培训、专利申请、重点检索、专利维护等费用，还用于对职务发明人的奖励。因为有了经费的保障，这些工作都得到及时有效的落实，极大地激发了企业技术研发人员发明创造的积极性，企业竞争力不断提升。审核组将上述审核证据和审核准则 GB/T 29490 标准中的 6.3 进行对照并进行评价，认为证据表明该公司的相关管理是符合准则要求的。这一结果，则是此案例中的审核发现。

此外，我国出台的《工业企业知识产权管理指南》明确规定，企业应根据不同发展阶段和规模水平等实际情况为知识产权工作提供相应的经费预算，一般是企业研发经费的 1%～5%。企业知识产权工作关乎企业转型和经济发展大局，缺乏经费保障自然难以有所作为，有了经费保障才能打开企业知识产权工作的新局面，尽快提升企业市场竞争力。

四、信息资源

【标准条款 6.4】

应编制形成文件的程序，以规定以下方面所需的控制： a）建立信息收集渠道，及时获取所属领域、竞争对手的知识产权信息； b）对信息进行分类筛选和分析加工，并加以有效利用； c）在对外信息发布之前进行相应审批； d）有条件的企业可建立知识产权信息数据库，并有效维护和及时更新。

【文件评审要点】

查看手册和程序文件是否内容完整、表述规范。程序文件（关于信息收集、利用、发布等过程的控制）的要求是否充分和明确。

【现场审核要点】

询问知识产权部负责人如何开展信息资源管理工作。

对照程序文件的规定，询问有哪些渠道来收集所属领域和竞争对手的知识产权信息，如何确保及时获取，如何处理加工，如何利用。

询问体系运行期间信息收集的次数，判断是否与控制程序中要求的频次一致，抽查若干条信息的收集记录，询问从什么渠道得来，企业还建立了哪些信息收集渠道；对这些信息怎么分类筛选的，如何分析加工，提供给哪些部门和人员使用，进一步追查使用效果。信息收集要按照所属领域和竞争对手分别进行收集。

询问体系运行期间，对外信息发布的次数，并从中抽样，查看信息发布前的审批记录、签字情况，信息类型包括科技论文、专利文件、学术会议的讲座、网站宣传的文件、产品图册、展会宣传材料、上市公司年报等，关注是否涉及虚假宣传、假冒专利、侵权、拟申请专利的技术方案提前公开等情况。

查看企业知识产权信息数据库，检查维护和更新记录。

【案例解析 1】

某企业，其产品 90% 出口。他们的设计灵感就来源于各类公开的文献、专利等。公司设计人员考虑到人的审美是循环的，30 年前的东西，可能会在现在重新流行起来，就像以前的人喜欢吃肉不喜欢吃野菜，而现在的人为了养生喜欢吃野菜不喜欢吃肉，一样的道理。

审核组进行知识产权管理体系二阶段现场审核时，发现设计人员经常查询收集国外几十年前甚至是 100 年前的专利，购买了很多数据库，同时收集大量的资料进行分析利用，尤其是外观设计专利。审核组抽查其中一项产品，企业迅速提供涉及国内外行业领域的龙头企业、竞争对手等分类整理的全套知识产权信息，并附有分析利用的说明，设计部完全按照过期的专利外观进行设计，再将产品出口欧美、澳大利亚等地，获利巨大。该公司年销售额在 2 亿元左右。该种设计开发方式节省了大量的研发成本。

该公司提供的上述针对某项产品知识产权获取和信息筛选分析的相关资料能够证实明确和审核准则 GB/T 29490 标准中的 6. 4a 有关，作为审核证据表明该公司的相关管理是符合准则要求的，并且善于收集利用知识产权信息，尤其是对竞争对手和所属领域的失效专利、过期专利，加以有效利用，可以极大地节省研发费用，取得出乎意料的成果。因为其中有些专利是因为忘记缴纳年费导致失效的专利，利用价值极高，加以利用，也是一种高超的研发手段。

【案例解析 2】

我国某机械厂从美国引进用于航空食品包装的复合塑料 NAS 片材工艺并投入生产。由于事前该厂不掌握该项技术已在 16 个国家申请了专利的情报，结果生产的产品只能在国内销售，当国内需求饱和后又不能出口，由此造成巨大的经济损失。相反，上海洗衣机厂在引进日本夏普公司新水流洗衣机装配流水线及制造专有技术的过程中，及时发现日方已在中国申请了该种洗衣机的外观设计专利。显然，这是日方在洽谈中留了一手。因为一旦合同期满后，中方产品在国内外投放市场都会形成对日方专利的侵权。

上海洗衣机厂依据这一专利情报及时做出相应的决策：首先停止该项目的投产，其次在准备对日方专利向中国专利局提出无效宣告的基础上与日方进行艰苦的谈判，坚持要求日方必须接受我方有权使用全部技术（包括专利技术）的条件，否则将不对项目验收，也不能支付引进费用。最后日方只得让步，同意中方无偿使用该外观设计专利，并允许在合同期满后产品投放国内外市场均不构成侵权。

上述两个例子说明，在技术贸易中技术输入方必须及时全面地掌握技术贸易中的专利情报，建立信息收集渠道，及时获取贸易合作方的知识产权信息，对信息进行分类筛选和分析加工，识别所引进专利技术的真伪及保护范围，并加以有效利用，以便捍卫企业自身的合法权益。

【案例解析3】

某公司体系运行前，在其微信公众号上发布软文时，使用了一张从百度网找到的“东方明珠塔”照片。审核组在现场审核时了解到，该公司已经收到照片拍摄者的律师函，同时经过公司法务搜查，该拍摄者集中对使用其照片的多家公司进行了照片版权的起诉。该公司为了避免麻烦，也省去应诉的时间成本、人力成本等，与照片拍摄者达成和解，向其支付5000元作为赔偿，并换掉微信公众号上所使用的该照片，不再使用。审核组查看该公司对外信息发布的审批情况，在该事件发生前，公司的对外信息发布审批表中只关注技术是否泄露等情况，并未有知识产权部人员参与，而在收到律师函后，该公司法务结合知识产权部人员将对外信息发布的审批程序进行更新，规定了知识产权部人员要进行审核并签字，现场查看在此之后的几项对外信息发布审批表，均有知识产权部人员审批是否涉及知识产权侵权的情况说明及签字。

该公司提供的在法律纠纷发生后及时修改的对外信息发布审批表及相关制度要求，能够证实明确和审核准则GB/T 29490标准中的6.4c有关，可以作为审核证据。将此证据与上述审核准则进行对照并进行评价，认为证据表明该公司的相关管理是符合准则要求的。这一结果，则是此案例中的审核发现。

企业多会在其官网、微信公众号上发布企业产品、新闻等信息。企业在信息发布之前，对发布的内容均需要审批。目前企业仅对产品信息的发布有审批的意识，对于一些软文、企业新闻等，认为不涉及知识产权，不需要进行审批。而为了增加此类文章的趣味性，常从百度等平台搜索一些认为美观或幽默的图片，插入企业新闻中。最终因摄影作品侵权赔偿5000~10000元不等，发生此类事情的企业，不仅此案例中这一家。因此，企业应拓宽对外信息发布的审批范围，不能仅将审批的范围局限在专利申请方面。

【案例解析4】

广州某自动化设备有限公司，主要是研发、生产、销售小型设备，企业人数就是十几人，规模比较小。知识产权管理体系运行一年以来，企业对GB/T 29490—2013标准有了初步的认识和了解，但是，审核组在第一次监督审核与该公司的总经理沟通时，在项目立项时，该公司领导在收到客户的需求时，组织研发人员分组讨论满足客户需求的解决方案，由各组负责人组织小组技术人员给出解决方案，然后对每个小组输出的技术方案进行讨论，比对优劣，最终决策采用一种技术方案时，该方案小组组长作为项目负责人；该公司总经理提出每次讨论的技术方案时间比较长，都有优劣，使得该总经理举棋不定，认为每个小组的技术方案都有可取之处，无法决断，获得最好的解决方案。

审核组在审核过程中发现，该企业还只是停留在生硬地填写对应的知识产权活动记录文件阶段，尤其是6.4所属技术领域和竞争对手专利的检索，企业没有将这些工作嵌入实际业务活动中，关键词选择比较单一，不能对所属技术领域进行查全查准，并没有结合项目本身技术方案的所有内容的检索考虑。

该公司提供的所属技术领域和竞争对手专利的检索相关材料能够作为审核证据与审核准则GB/T 29490标准中的6.4a、6.4b对照评价，体系运行两年多来，该公司在6.4a、6.4b方面的相关管理是有一定欠缺的。

审核后企业针对该问题进行了调整。在输出技术方案时，每个小组根据所属技术领域和竞争对手的专利分析，对客户需求的所有技术方案再进一步分析，哪些是现有技术，哪些是本小组提出的技术方案所具有的创新性。每个小组进行讨论时，将技术的创新能力作为立项考虑的条件之一，这样就可以大大缩短讨论的时间，从而该公司领导可以快速决策项目立项采用哪一种技术方案并确定项目负责人。

第四节　基础管理

一、获取

【标准条款 7.1】

应编制形成文件的程序，以规定以下方面所需的控制： a）根据知识产权目标，制定知识产权获取的工作计划，明确获取的方式和途径； b）在获取知识产权前进行必要的检索和分析； c）保持知识产权获取记录； d）保障发明创造人员的署名权。

【文件评审要点】

查看手册和程序文件是否内容完整、表述规范。程序文件的要求（关于获取计划、获取前的检索分析等 4 个条款的要求）是否充分和明确。

【现场审核要点】

检查控制程序，询问知识产权负责人获取工作的步骤，如何进行检索、保持哪些获取记录，如何保障发明创造人员的署名权。

根据相应的获取目标，检查获取计划是否充分、具体、可执行，是否明确获取方式和途径，判断是否能支撑年度知识产权目标的实现。

检查“知识产权获取记录”，抽查最近申请的专利、商标等，抽查重点专利（发明和实用新型）申请、商标注册前的检索记录，检查检索和分析内容，判断是否充分、有效。

检查重点专利或商标的获取记录，包括获取过程中与国家知识产权局、商标局、代理机构、技术人员等的记录，查看获取记录的管理情况是否有效。

检查专利申请的发明人与研发记录是否相一致，署名情况是否真实。

【案例解析1】

某公司主要研发通信网络集成电路芯片、通信网络系统及软件，审核组进行知识产权管理体系二阶段现场审核中发现，该公司针对研发每年有大量资金投入，且针对研发项目2018年有将近100件专利申请计划，2019年有80件专利申请计划，同时有软件著作权和集成电路布图设计的申请计划。该公司申请的专利均产自研发项目，根据需求建立了独立的知识产权部门，并配备了专职的知识产权工作人员，制定了详细的知识产权奖惩办法，根据知识产权申请情况对相应的员工发放相应的奖励，每年有几十万元的知识产权奖励发放。由于专利布局较早，且公司从事相关研发活动较早，使得该公司在行业内具有较高知名度，同时在专利上的大量布局，导致其他公司使用该行业的某些技术时，必须要使用该公司的专利技术，从而提高了该公司的行业竞争力。

该公司提供的知识产权目标和知识产权获取的工作计划能够证实和审核准则GB/T 29490标准中的7.1a有关，可以作为审核证据，将此证据与审核准则进行对照并进行评价，认为证据表明该公司的相关管理符合准则要求，这一结果，则是本案例中的审核发现。

【案例解析2】

2019年审核组在审核某公司A时发现，该公司在2018年分别起诉某科技公司B侵害两款电热水壶外观设计专利权案件两起，2018年年底，法院针对这两起案件分别判决A公司一起败诉、一起胜诉。经了解，胜诉判决涉案电热水壶外观为电热茶壶和茶壶托底全新的外观专利，败诉判决涉案电热水壶外观为电热茶壶全新、托底为现有设计的外观专利，由于外观设计侵权判定为整体侵权判定，故判决一胜一败。审核组询问这两款外观设计前的相关情况，均未意识到这一个细微区别，此次法院判决也让企业和专利代理机构重新认知到专利撰写的重要性。

专利申请文件撰写前，需要对专利进行必要的检索和分析，以保证申请的专利不仅能保护自身产品，还具有强大的攻击性。高质量的专利申请离不开检索。例如，专利申请文件撰写较好的案例有雷正举关于平衡车外观设计专利起诉深圳轮马克科技有限公司等40余家平衡车企业并胜诉案例。这说明专利申请文件撰写前，进行检索分析的必要性。

【案例解析3】

审核组对某公司进行知识产权管理体系二阶段现场审核时，查阅知识产权获取记录时发现，该公司的知识产权获取记录的过程文件非常细致，时间轴清晰，涉及产品信息、技术图纸、检索分析记录、交底书记录、与代理机构往来的记录文件、知识产权申请/注册登记记录等。该企业知识产权负责人告诉审核员，之前在此处吃过亏。几年前，该公司作为甲方，委托某代理所代理人（乙方）申请专利，将公司产品技术信息、详细结构图纸、电路图等材料发送给乙方代理人准备申请专利，后期甲方接收到另一人（丙方）的起诉函，说甲方侵犯了丙方的专利权。据甲方陈述，甲方将产品信息发送给乙方后，乙方以丙方的名义申请专利。因没有良好的过程文件导致官司非常被动，经此事件之后，该公司非常关注知识产权获取过程的记录文件，以便发生知识产权权属纠纷时形成证据链。

该公司提供的知识产权获取记录的过程文件（产品信息、技术图纸、检索分析记录、交底书记录、与代理机构往来的记录文件、知识产权申请/注册登记记录等）能够证实和审核准则GB/T 29490标准中的7.1c有关，可以作为审核证据，审核员将此证据与审核准则进行对照并进行评价，认为证据表明该公司的相关管理是符合准则要求的。

【案例解析4】

某公司成立于2000年，是集研发、生产和销售于一体的高新技术企业。公司主要产品为智能卡水表、全智能电子远传水表、全智能阶梯水价远传水表等。近年来，公司业绩处于下滑状态，且研发技术人员大量流失。

审核组在进行知识产权管理体系二阶段现场审核时，发现所有专利的署名均为总经理及其家人，真正的发明人并未落实发明和奖励。

审核员将上述审核证据和审核准则 GB/T 29490 标准中的 7. 1d 进行对照，认为该公司的相关管理不符合准则要求。后续企业将程序文件中发明创造人员的署名权进行了重新规定，并在后续专利申请中予以执行。

二、维护

【标准条款 7. 2】

应编制形成文件的程序，以规定以下方面所需的控制： a）建立知识产权分类管理档案，进行日常维护； b）知识产权评估； c）知识产权权属变更； d）知识产权权属放弃； e）有条件的企业可对知识产权进行分级管理。

【文件评审要点】

查看手册和程序文件是否内容完整、表述规范。程序文件的要求（关于分类、分级、档案管理、评估、权属变更放弃等条款的要求）是否充分和明确。

标准 7. 2 条款 b、c、d 的要求比较宽泛，所以程序文件将是本条款现场审核要点的重要审核准则。

【现场审核要点】

（1）查看控制程序，询问知识产权负责人知识产权维护工作的内容与步骤，包括分类、分级管理情况、变更或放弃流程及评估情况。

（2）现场观察知识产权电子档案管理情况，档案室对于纸质文件管理的情况，文件是否分类摆放，维护是否有效（抽查最近授权、申请的专利的相关资料是否齐全有序），电子文件是否分类归档，便于随时取用和阅读；询问纸质版及电子版文件日常如何维护。检查专利、商标是否按期缴费等。重点关注知识产权档案分类情况，电子文件的分类归档管理情况；档案日常维护的情况。

（3）查看企业的知识产权评估程序，根据程序要求检查评估工作是否符合。重点关注评估事项时间、内容、有效性等的记录。

（4）查看知识产权权属放弃或变更的情况，抽查若干个放弃或变更的知识产权，查看相关记录是否符合程序要求，有无评估记录，评估是否充分、有效。重点关注变更或放弃的知识产权的编号、名称、评估记录及签字情况等。

（5）询问企业如何对知识产权分级管理。

【案例解析 1】

审核组对某公司进行知识产权管理体系二阶段现场审核时，现场查看其商标台账，仅记录了 4 条商标的基本信息，管理内容仅包括商标注册号、商标名称。而该公司有 7 份商标证书，包括该公司更名之前注册的 3 份商标注册证书、该公司更名之后注册的 3 份商标注册证书和总经理个人注册的 1 份商标注册证书。

查看商标局网站，该公司还有 1 项注册成功的商标（该公司经常使用的核心商标），现场不能提供对应的商标注册证书。经过询问，该公司知识产权管理相关人员表示，曾经询问过委托注册该商标的代理公司，对方回复是该商标未注册成功，所以一直没有取得相应的商标注册证书；自己也不清楚如何在官方网站检索商标是否注册成功。该公司通过再次和代理公司进行沟通，最终代理公司成功找到了该商标注册证书。

另外，查看商标局网站，该公司企业更名之前注册的 1 项商标（该公司经常使用的核心商标）即将到期（注册商标的保护期为 10 年）。经过询问，该公司知识产权管理相关人员表示，不清楚商标可以续展（注册商标应在保护期满前的 12 个月进行续展，保护期满后的 6 个月为宽展期），认为商标和专利一样，到期后就失去专用权利，因此没有注意注册商标的保护期限，没有及时开展更改商标权人信息、续展等工作。审核员将此证据与上述审核准则进行对照并进行评价，认为证据表明该公司的相关管理不符合准则要求，这一结果，则是本案例中的审核发现。

针对上述不符合，该公司分析原因，认为是负责知识产权档案管理的工作人员业务不熟悉导致问题的产生。该公司立即指导该人员对建立的知识产权分类管理档案进行日常维护，形成动态管理机制，定期查看本企业知识产权的状态，对需要维持的知识产权，及时办理相应的缴费手续，如按时办理商标续展手续等，以实现对该不符合的纠正。又实施了纠正措施，对该部门的人员进行培训。审核员根据该企业提供的相关证据进行书面验证，认为该企业采取的纠正和纠正措施符合要求。

【案例解析 2】

某公司于 2016 年 3 月向国家知识产权局提出申请一件实用新型专利，该实用新型专利于同年 10 月授权。2017 年国家知识产权局针对该专利发出《无效宣告请求通知书》，并于 2018 年 1 月发出《无效宣告请求审查决定书》，宣告该专利权全部无效。

2018 年 3 月审核组在进行知识产权管理体系二阶段现场审核时，该公司提供了 2017 年年底的评估报告，评估是否继续对该专利进行年费的缴纳维持专利权，在评估结果中发现该专利在名单中，并且 2018 年 3 月针对该专利继续维持的记录文件，通过评估该企业决定继续缴纳该专利的年费。

审核员现场发现了该问题，在该专利已经被宣告全部无效的情况下仍然评估要缴费，并且实际缴纳费用，对专利的状态没有及时掌握，评估也仅从形式上评估，并未从市场、经济和知识产权的状态等多方面进行评估，导致评估并未达到有效效果。审核员将此证据与上述审核准则进行对照并进行评价，认为证据表明该公司的相关管理不符合准则要求，开具了不符合报告。

针对上述不符合，该公司分析原因，认为是负责知识产权评估的工作人员对知识产权的评估形式化，并未进行实质的评估，导致问题的产生。该公司对知识产权的变更、放弃、维持制定了有效的评估流程，由负责人员将需维持的专利重新进行有效评估，随后向国家知识产权局针对上述已无效的专利提出退款请求。审核员根据该企业提供的相关证据进行书面验证，认为该企业采取的纠正措施符合要求。

【案例解析 3】

某企业是一家致力于生物制品、中成药及化学药研发、生产、销售及售后服务的大型医药集团企业。

审核组在进行知识产权管理体系二阶段现场审核时，发现该企业已经对知识产权进行分级管理，主要包括专利和商标，专利分为核心专利、外围专利、次外围专利、防卫性专利、迷惑性专利等类别，并制定了内部分级管理要求，其分级依据专利布局的整体结构和战略需求。在《专利管理制度》中对各级别专利进行明确，例如，国内发明专利第一类，属产品核心专利，是指独创性非常高的发明，它具有广泛应用的可能性和获取重大经济效益的前景，很难通过一些规避手段绕开。该集团的专利分级管理工作为其专利申请布局、日常维护、高价值专利评定、人员奖励等提供了重要参考价值。

该企业作为大型医药集团有条件实现专利分类管理，符合审核准则GB/T 29490标准7.2d的相关要求。

三、运用

（一）许可、实施和转让

【标准条款7.3.1】

应编制形成文件的程序，以规定以下方面所需的控制： a）促进和监控知识产权的实施，有条件的企业可评估知识产权对企业的贡献； b）知识产权实施、许可或转让前，应分别制定调查方案，并进行评估。

【文件评审要点】

查看手册和程序文件是否内容完整、表述规范。程序文件的要求（关于实施、许可和转让的要求）是否充分和明确。

【现场审核要点】

（1）要求提供程序文件，询问知识产权部门负责人如何开展上述工作。

（2）询问企业如何促进和监控知识产权的实施，从相关设备、设施、场地、人员、资金等实施条件方面做了哪些工作，检查监控的手段与记录。

（3）询问企业是否从相关方面评估过知识产权的贡献，重点关注主要内容。

（4）查看实施、许可和转让的情况，抽查若干条记录的调查和评估报告，检查调查和评估是否充分有效。

【案例解析1】

某公司主要生产产品点焊机和涂装设备，该公司比较重视科研和知识产权管理，在成立初期就申请了C图形商标，广泛应用在产品上。

审核组在进行知识产权管理体系二阶段现场审核时，发现C图形商标申请类别为42类，为服务类商标，目前使用在点焊和涂装产品上，该知识产权的使用实施过程有较大风险，并且该公司也没有对商标使用前的合规性进行监控。审核组现场提醒了商标的规范使用，包括使用的类别、合规性的审核，同时，注册商标的使用应以《商标注册证》上核定的类别和核定使用的商品为限，不得超出核定使用的类别。

上述审核证据和审核准则GB/T 29490标准中的7.3.1a有关，可以作为审核证据。而审核员将此证据与上述审核准则进行对照并进行评价，认为证据表明该公司的相关管理不符合准则要求，开具了不符合报告。

针对上述不符合，该公司分析原因，认为是负责相关工作的工作人员业务不熟悉，对知识产权实施的监控理解不到位导致问题的产生。该公司对知识产权实施的监控进行细化，将商标的合规使用纳入知识产权实施的监控中，同时对原C图形商标进行多类别注册，也进行了相关培训。审核员根据该企业提供的相关证据进行书面验证，认为该企业采取的纠正和纠正措施符合要求。

【案例解析2】

某企业是一家从事脉衡变压器、滤波器、直流转换器、PCB或贴片零件装配、电感、电容类产品的企业，在导入投资机构/人员时同意投资人以知识产权/技术投资入股，其中洽谈中有1名投资人计划以其个人名下15件专利打包，作价500万元投资入股，占股35%，即将要签订合同时，公司导入知识产权管理体系，在审核过程中了解到知识产权相关知识以及基本评估，随即对该投资人的入股专利进行查询评估，发现其中有9件专利因未缴年费已经失效，另有3件专利与该公司的主营产品不相关，真正有效力作用的只有3件专利，该3件专利的权利即将到期。经过评估，该公司觉得打包的15件专利对公司无利，放弃了该投资人的技术入股。

知识产权的运用，无论是实施、许可、转让还是受让，在运用之前制定调查方案，评估其价值以及利益、风险，非常必要，可以规避不必要的支出以及提高谈判砝码、增加收益。

（二）投融资

【标准条款7.3.2】

投融资活动前，应对相关知识产权开展尽职调查，进行风险和价值评估。在境外投资前，应针对目的地的知识产权法律、政策及其执行情况，进行风险分析。

【文件评审要点】

查看手册中相应条款是否内容完整、表述规范。

【现场审核要点】

（1）询问知识产权部门负责人企业是否有投融资情况，询问其对投融资过程中知识产权工作的理解，企业是否建立了投融资过程中关于知识产权的管理制度。如果有投融资及境外投资情况继续检查下面内容。

（2）询问近期企业投融资的具体情况，查看知识产权调查报告，审查是否有风险及价值分析。重点关注投融资的主要事项，记录风险及价值分析的情况。

（3）询问近期境外投资的具体情况，查看针对投资目的地知识产权法律、政策及执行情况的相关调查记录和分析记录。重点关注主要事项及风险分析记录。

【案例解析1】

某公司的法务团队通过知识产权尽职调查为公司对科技型小微企业投资的决策保驾护航。

审核组在现场审核中了解到，该公司在对某企业的知识产权尽职调查过程中，进行了全方位的调查，包含三个部分，首先考察专利的权属证明，排查专利权属纠纷；其次，进行自由实施（FTO）尽职调查，排查未来的专利侵权风险；最后，统计、评估专利价值。第一个环节并不是简单地查看专利证书，而是让专利工程师从外部宣传的角度对官网信息、产品目录、公示信息等进行文件筛查，并依据这些外部信息进驻企业进行专利侵权调查，与研发人员进行一对一沟通，结合其工作背景确定有无专利权属纠纷。在FTO环节，专利工程师通过与技术人员的沟通，有针对性地进行专利检索分析，判断其创新能力。此外，在该环节，专利工程师还会从可能的专利侵权角度出发，对行业、竞争对手的专利情况进行检索，并对行业内过去的专利诉讼情况进行分析，从多个角度排查专利侵权风险。最后一个环节则是在上述两个环节的基础上，筛选真正具有价值的专利，并从技术高度、行业领先程度等多个维度进行价值评估。最后得出的结论是，这家企业不仅创新能力不足，而且其主营产品还存在严重的商标侵权风险，最终由于知识产权尽职调查不合格，这个投资项目没有完成，该公司出具的调查结果也被对方企业认可。

现场审核时，该公司提供的是该项目知识产权开展尽职调查及相关材料，且能够证实，因而明确和审核准则GB/T 29490标准中的7.3.2有关，可以作为审核证据。而审核员将此证据与上述审核准则进行对照并进行评价，认为证据表明该公司的相关管理是符合准则要求的，这一结果，则是本案例中的审核发现。准则要求要进行调查，该公司进行相关调查，避免了损失，所以符合标准要求。

【案例解析2】

审核组在审核某企业时，该企业对知识产权进行质押融资，提供了《知识产权价值的尽职调查评估报告》，并与某融资担保有限公司签订了《反担保质押合同》，反担保的为该企业与兴业银行股份有限公司签订的《流动资金借款合同》，通过担保质押手段进行融资，在融资前进行了知识产权价值的尽职调查评估，质押专利评估后总价为“贰仟肆佰万元整”，质押融资获得“捌佰万”元贷款。

现场审核时，该公司提供的是该项目知识产权价值的尽职调查评估报告及相关材料，与审核准则 GB/T 29490 标准中的 7.3.2 进行对照，表明该公司的相关管理是符合准则要求的，这一结果，则是本案例中的审核发现。

（三）企业重组

【标准条款 7.3.3】

企业重组工作应满足以下要求： a）企业合并或并购前，应开展知识产权尽职调查，根据合并或并购的目的设定对目标企业知识产权状况的调查内容；有条件的企业可进行知识产权评估； b）企业出售或剥离资产前，应对相关知识产权开展调查和评估，分析出售或剥离的知识产权对本企业未来竞争力的影响。

【文件评审要点】

查看手册中相应条款是否内容完整、表述规范。

【现场审核要点】

（1）询问知识产权部门负责人是否有企业重组情况，询问其对企业重组过程中知识产权工作的理解，企业是否建立了投融资过程中关于知识产权的管理制度。如果有企业重组情况继续检查下面内容。

（2）询问企业在重组过程中涉及知识产权的主要做法，查看知识产权尽职调查报告。重点关注重组事项的主要信息、尽职调查报告的主要内容。

【案例解析】

审核组在审核某公司时，发现该公司在当年企业并购前因为未开展知识产权尽职调查，遭受了巨大损失。该公司于 2018 年以 5000 万元收购了某高新技术型企业 B，企业 B 的主要资产为 150 多件承载了行业先进技术的专利、10 项注册商标。收购后开始运行知识产权管理体系，在搭建体系时关注到企业合并或并购前，应开展知识产权尽职调查，根据合并或并购的目的，设定对目标企业知识产权状况的调查内容，对当年项目进行调查后发现企业 B 早在 2017 年因资金周转困难，将其中 35 件核心专利进行质押。而该集团在收购企业 B 前未开展知识产权尽职调查，因而没有发现 B 企业这一情况，导致花费了巨额成本且存在极大的投资风险。体系搭建时，该公司建立了投融资过程中关于知识产权的管理制度，并详细规定知识产权尽职调查报告应重点关注的事项及主要内容。

现场审核时，该公司提供了相关制度及并购项目的知识产权尽职调查报告，符合审核准则 GB/T 29490 标准中的 7. 3. 3a 要求。

（四）标准化

【标准条款 7. 3. 4】

参与标准化工作应满足以下要求： a）参与标准化组织前，了解标准化组织的知识产权政策；将包含专利和专利申请的技术方案向标准化组织提案时，应按照知识产权政策要求披露并作出许可承诺； b）牵头制定标准时，应组织制定标准工作组的知识产权政策和工作程序。

【文件评审要点】

查看手册中相应条款是否内容完整、表述规范。

【现场审核要点】

（1）询问知识产权部门负责人开展标准化工作情况，询问其对标准化过程中知识产权工作的理解，企业是否建立了标准化过程中关于知识产权的管理制度，如果有标准化工作继续检查下面内容。

（2）如果企业参与了标准化组织，询问是否事先了解该组织的知识产权政策，查看知识产权政策文件；询问是否向该组织提交了涉及知识产权的技术方案，如果有，查看披露技术方案的许可承诺书。

（3）如果企业牵头制定标准，查看知识产权政策及工作程序。

【案例解析 1】

涉案专利系名称为“一种无线局域网移动设备安全接入及数据保密通信的方法”、专利号为 ZL02139508. X 的发明专利，专利权人为西安西电捷通无线网络通信股份有限公司（以下简称“西电捷通公司”）。2003 年 5 月 12

日，国家质检总局发布 GB 15629. 11—2003《信息技术系统间远程通信和信息交换局域网和城域网特定要求第 11 部分：无线局域网媒体访问控制和物理层规范》。2006 年 1 月 7 日，国家质检总局和国家标准委联合发布 GB 15629. 11—2003/XG1—2006 标准，对前述国家标准中涉及无线局域网安全的部分进行了修改。2003 年 1 月 7 日，西电捷通公司向全国信息安全标准化技术委员会出具《关于两项国家标准可能涉及相关专利权的声明》。该声明承诺在西电捷通公司的权利范围内，愿意与任何将使用该标准专利权的申请者，在合理的无歧视的期限和条件下协商专利授权许可。2009 年 3 月至 2015 年 3 月，西电捷通公司与索尼移动通信产品（中国）有限公司进行了协商和沟通，但最终未达成许可协议。西电捷通公司以索尼中国公司生产、销售的手机构成专利侵权为由，诉至法院，请求判令索尼中国公司停止使用涉案专利，停止生产、销售使用涉案专利的手机产品，赔偿经济损失及合理支出合计 3300 余万元。一审法院判决索尼中国公司停止侵权，赔偿经济损失及合理支出共计 910 余万元。索尼中国公司不服，提起上诉。二审法院认为，涉案专利权利要求 1 与涉案标准中的技术方案相同。在标准必要专利的许可谈判中，谈判双方应本着诚实信用的原则进行许可谈判。本案双方当事人迟迟未能进入正式的专利许可谈判程序，过错在索尼中国公司，其应当承担停止侵权及赔偿损失的民事责任。二审法院判决：驳回上诉，维持原判。

本案为标准必要专利权利的行使树立了正确导向，很多行业领军企业不敢将专利写进标准或者将专利直接无偿许可给标准执行企业，这都是企业知识产权管理不当，对企业造成的经济损失。本案是国内首例通过终审判决认定标准必要专利实施人构成侵权并被法院依法颁布永久禁令的标准必要专利侵权案件，同时也是为数不多的标准必要专利权人系中国企业并最终胜诉的案件。在标准制定过程中，为确保标准的顺利制定和实施，标准必要专利权人自愿向标准化组织做出相应的许可承诺，承诺将遵循“公平、合理、无歧视”的原则与标准实施者进行许可谈判，使得标准实施者对日后进行的许可谈判产生合理的预期和期待，并对标准必要专利权利的行使产生一定拘束力。

【案例解析 2】

2019 年 7 月 29 日，OPPO 宣布与 8 家芯片及成品类企业签署 VOOC 闪充专利许可协议。基于该协议，这 8 家企业将能够开发、制造和销售支持 VOOC 闪充专利技术的芯片与产品。SuperVOOC 是目前手机市场量产中的最快充电技术，2018 年 12 月 12 日，在中国信息通信研究院泰尔终端实验室主办的《泰尔论坛 2017 快充技术标准与应用研讨会》上，OPPO 带来了中国首部快充标准《通信终端快速充电技术要求和测试方法》，OPPO 的 VOOC 闪充协议包含在内。很显然，OPPO 已经将自己的快充品牌“坚持”成标准。而此次通过免费开放标准的授权，加上收取合理的非标准的专利费，会给予这些厂商们相关的技术指导，向杰出的行业伙伴开放 VOOC 闪充专利技术授权。按照从芯片到终端，自上而下的布局方式开放 VOOC 闪充授权，建立 VOOC 闪充技术生态圈。

上述案例也告诉我们，专利的运用多种多样，除自己实施外，还可以通过许可将自己的技术在市场推广，作为核心技术的拥有者，才会在市场中更有话语权。因此，OPPO 本次的许可并不是随意而为之，而是在获得行业标准的前提下进行的，足以看出许可之前的技术和市场评估是必不可少的。

（五）联盟及相关组织

【标准条款 7.3.5】

参与或组建知识产权联盟及相关组织应满足以下要求： a）参与知识产权联盟或其他组织前，应了解其知识产权政策，并进行评估； b）组建知识产权联盟时，应遵循公平、合理且无歧视的原则，制定联盟知识产权政策；主要涉及专利合作的联盟可围绕核心技术建立专利池。

【文件评审要点】

查看手册中相应条款是否内容完整、表述规范。

【现场审核要点】

（1）询问知识产权部门负责人开展联盟工作情况，询问其对联盟过程中知识产权工作的理解，企业是否建立了联盟过程中关于知识产权的管理制度，如果有联盟情况继续检查下面内容。

（2）如果企业参与了联盟组织，询问是否事先了解该组织的知识产权政策，查看知识产权政策文件及评估记录。

（3）如果企业牵头建立联盟，查看制定的知识产权政策。

【案例解析 1】

2009 年 10 月 28 日，中国科学院计算技术研究所（以下简称中科院计算所）、北京华旗资讯数码科技有限公司（以下简称“华旗资讯”）、北京中星微电子有限公司（以下简称“中星电子”）、新奥特硅谷视频技术有限责任公司（以下简称“新奥特”）等单位共同发起的北京市音视频产业知识产权联盟（以下简称“联盟”）在京设立。这个致力于促进音视频企业在知识产权领域实现共赢的合作型团体，将集合企业、科研院所及知识产权中介机构的力量，共同解决行业共性的知识产权问题，应对知识产权纠纷，增加北京市音视频行业知识产权竞争筹码，进而促进北京乃至全国音视频产业核心竞争力的增强。

在专利错综复杂的音视频领域，联盟成员的专利拥有量无疑决定了联盟的整体实力。截至 2009 年年底中科院计算所的专利申请量为 910 件，授权量达 320 件，其中 90% 为发明专利；中星电子的专利申请量约为 1800 件，授权量近 600 件，发明专利也占到 90% 以上，新奥特也拥有专利 400 余件专利，粗略估算，该联盟成员共拥有专利总和已达 1700 多件，优势互补、强强联合的态势可见一斑。

按照计划，联盟要在做好国内外音视频相关标准中的知识产权状况及许可政策的调查分析的基础上，梳理共性问题，发挥预警功能；通过联盟之间的交叉许可等方式，避免重复研发，减少成员内部的专利交易成本，增加音视频领域整体专利筹码；同时，要集中多家企业和科研院所的优势专利组建专利池，在实现“防御型”专利联盟的基础上向“进攻型”专利联盟转变，最终形成具有自主知识产权的相关标准。

随着专利制度的不断完善和技术重要性的日益突显，国内很多企业认识到了专利的重要性，开始注重专利合作和行业的专利布局，积极主导或参与标准制定，掌握核心专利，并围绕核心技术、关键零部件或产品建立专利池，通过专利联盟让技术更加稳固，并转化成行业竞争力。

【案例解析2】

在九牧、惠达、东鹏、马可波罗、蒙娜丽莎、恒洁、箭牌、浪鲸卫浴等知名企业的牵头下，建陶企业成立了建陶企业知识产权维权联盟。该联盟将通过招投标方式引入专业的调查公司和律师事务所，共同解决维权难题。我国陶瓷卫浴行业的知名品牌都曾遭遇被“山寨产品”围追堵截的问题，部分区域假冒问题突出，互联网侵权问题较为严重，调查取证难。维权联盟建立了知名品牌共同维权、分担和分享的运营机制。面对涉及多个品牌的同一假冒案件，权利人可以资源互补、费用分担，能有效降低单个企业的维权成本，解决个别企业在维权上的资源短板。参与或建立知识产权联盟，能够降低侵权风险，提高维权效率。但在加入知识产权联盟时，需要充分了解联盟知识产权政策，避免损害自身利益。

四、保护

（一）风险管理

【标准条款7.4.1】

应编制形成文件的程序，以规定以下方面所需的控制： a）采取措施，避免或降低生产、办公设备及软件侵犯他人知识产权的风险； b）定期监控产品可能涉及他人知识产权的状况，分析可能发生的纠纷及其对企业的损害程度，提出防范预案； c）有条件的企业可将知识产权纳入企业风险管理体系，对知识产权风险进行识别和评测，并采取相应风险控制措施。

【文件评审要点】

查看手册和程序文件是否内容完整、表述规范。程序文件的要求是否充分和明确。

【现场审核要点】

（1）查看控制程序，询问相关负责人企业如何开展知识产权风险管理。

（2）询问相关部门，企业存在哪些生产设备、办公设备和盗版软件的侵权风险，采取了哪些避免或降低的措施，效果如何。抽查知识产权部、生产部使用的软硬件是否有正版来源证明。可结合采购过程、自动化管理过程的审核。

（3）询问知识产权部，企业的哪些产品（体系建立以后仍在销售的老产品也要进行关注）面临哪些侵权风险，如何定期监控这些产品侵犯他人知识产权的情况，查看监控记录（如检索记录或市场反馈信息等），审核员要从专业角度评价监控的充分性与有效性（监控是否及时，监控的手段是否充分，检索范围是否准确等），重点还要关注分析报告及防范预案。

（4）询问企业是否有风险管理体系，是否包含知识产权管理。

【案例解析 1】

对外宣传文案，不同字体有助于企业塑造形象，但需要防控对字体著作权的认识不足被指控侵权的情况。审核组在现场审核中发现的此类情况不胜枚举，多发生在互联网宣传（官网、电商店铺、App、微信公众号等自媒体）、印刷品（宣传海报、产品及包装）等，同时法院也对此类行为作出过诸多判决（见表 1）。

表 1　部分侵权案例法院判决：涉及字体“喵呜体、汉真广标等”

序号	案号	涉案字体	侵权形式	赔偿金额
1	（2012）苏知民终字第 0161 号	秀英体（城市宝贝）	产品上使用字体	停止侵权，损失+合理费用 4.8 万元
2	（2014）三中民（知）初字第 09233 号	平和体（自然子）		停止侵权，损失 0.3 万元，合理费用 2.5 万元
3	（2014）宁铁知民初字第 101 号	粗倩简体（佰斯德利）		一次性赔 3 万元（不停止使用）
4	（2015）穗越法知民初字第 553 号	平和体（湾子牛肉末油辣椒）		停止侵权，损失+合理费用 1.5 万元
5	（2015）宁铁知民初字第 00435 号	倩体（凉面不冰如沐云端……）	网页上（天猫）使用	损失+合理费用 0.8 万元
6	（2016）京 0105 民初 50488 号	向佳红毛笔行书字体（鬼族史华夏日报）	电影中道具	14 万元

建议对字体有特殊需求的企业购买正版字体或委托他人设计，可防止纠纷，也体现对知识产权的尊重，促进字体的创作，良性互动。

【案例解析 2】

某公司主要生产户外休闲用品，产品主要出口欧美，由于不少产品的形状设计需要和客户进行沟通确认，该公司的技术人员不可避免地使用到一些常规的画图软件，如 AUTO CAD 软件，公司所使用的软件目前均为网上自行下载的绿色版本。审核组在进行知识产权管理体系二阶段现场审核中，发现该公司管理层要求技术人员在使用 AUTO CAD 软件时断网使用，与客户沟通时再联网，给技术人员的工作造成诸多不便。询问原因发现，2018 年 6 月，公司收到 AUTODESK 公司发来的律师函件，称监控到该公司使用了 AUTO CAD 的盗版软件，要求停止使用并保留起诉的权利。因此，公司出台了上述策略应对，审核组现场告知这样操作并没有从根源解决侵权的问题，仍有侵权风险，2018 年 8 月，该公司又收到 AUTODESK 公司第二次发来的律师函件，措辞更为严厉，该企业的管理层决定购买正版软件，以避免此类问题再次发生。

对于办公软件的侵权风险是目前大多数企业面临的一种风险，虽然有的企业通过排查表示侵权风险在可控范围之内，但仍然是一种潜在的风险因素。如果产生诉讼，不仅会使企业产生不良声誉，而且可能会因为牵扯太多精力而影响公司正常业务的经营。

同样，广州某公司为互联网软件公司，由于在活动过程中涉及布局的设计，在正常经营活动中需要使用 AUTO CAD 软件。审核组在审核中发现，该企业在 2017 年收到 AUTODESK 公司的侵权警告律师函，该企业在详细研究该律师函的基础上采取了 3 项措施：（1）购买了 3 套 AUTO CAD 正版软件；（2）正常电脑采取租赁方式，并且与电脑公司签订租赁协议，对于常规使用的软件由电脑租赁公司负责安装维护，责任承担归租赁公司；（3）对于日常使用的编程软件、画图软件等专业性软件则采取租赁阿里云服务的方式规避软件侵权风险。该公司通过上述方式有效地避免了办公设备和办公软件的侵权风险，并且在现有共享经济盛行的前提下，不失为一种好的做法。

【案例解析3】

某公司是一家专业从事高精密机电一体化核心功能部件的研发设计、生产制造、销售与维修服务的环保型高新技术企业。公司立足主轴产品，以“立足自主技术创新、服务全球先进制造”为发展战略目标，稳步向转台、直线电机、减速器等数控机床和工业机器人其他核心功能部件行业横向扩张，致力于成为全球顶级的高端装备核心功能部件设计制造商。

审核组在进行知识产权管理体系二阶段现场审核时，企业知识产权负责人介绍，在专利维权方面，该公司严厉打击专利侵权行为，对于公司日常经营活动的各个环节都进行知识产权监控活动，提供技术部、销售部、采购部、知识产权部等的监控记录，发现疑似侵权行为后，经技术部门及知识产权部门分析后，认定为确有侵权行为的，将会同法务部门开展下一步的维权工作。为了清除公司产品在生产和销售中可能出现的专利侵权风险，该公司制定了有针对性的防范预案，主动对两家竞争对手的3件相关专利提起无效请求，目前案件均在审理中，该公司通过持续关注专利侵权风险，积极维护公司权益。

现场审核时，该公司提供的相关部门对公司日常经营活动知识产权的监控记录，能够证实明确和审核准则GB/T 29490标准中的7.4.1b有关，并且相关管理监控面较广，由技术人员结合知识产权人员、法务进行分析，同时预案有针对性，符合准则要求并起到了良好的效果。

【案例解析4】

某公司为国内规模较大的LED灯生产厂商。目前，所生产的灯具主要为LED家具吸顶灯。由于LED家具吸顶灯的内部构件为常规零件，基本为公开技术，故该公司的知识产权不在LED灯具的结构及电路上，而均集中在产品的外观上。

审核组进行知识产权管理体系二阶段现场审核时发现，该公司针对主营产品的知识产权特点，考虑到专利具有地域性，国外较多的设计理念全数进入中国的情形较低，该公司通过快速临摹并转化设计后迅速申请外观专利予以保护并生产、销售。该公司有市场部，并派驻相应市场人员去世界各地的灯具展进行参观拍摄，随后将拍摄图片交由设计工程师借鉴并在原有设计上进行优化改进，近两年利用此方法设计了近百项外观专利。按照此法生产出的灯具时尚美观，加之企业相当注重产品的品控，使得生产出的 LED 灯在灯具市场上一直保持极高的知名度。

企业根据自有产品的特点，考虑到设计工作大量借鉴国外优秀作品的原型，故十分注意产品可能涉及的侵权情况。加强定期监控产品可能涉及他人知识产权的状况，如果监控到可能侵犯他人知识产权的情况，将立即采取相应措施，在灯具形状、边角弧度、颜色、用料方面进行相应变更，下架产品或者提前启动应急预案，以规避侵权风险，防止由此带来的诉讼。

审核现场提供的国内外监控记录、各种应变应急预案，明确和审核准则 GB/T 29490 标准中的 7.4.1b 有关，上述证据表明该公司的相关管理是符合准则要求的，这一结果，则是本案例中的审核发现。

（二）争议处理

【标准条款 7.4.2】

应编制形成文件的程序，以规定以下方面所需的控制： a）及时发现和监控知识产权被侵权的情况，适时运用行政和司法途径保护知识产权； b）在处理知识产权纠纷时，评估通过诉讼、仲裁、和解等不同处理方式对企业的影响，选取适宜的争议解决方式。

【文件评审要点】

查看手册和程序文件是否内容完整、表述规范。程序文件的要求是否充分和明确，被侵权情况的及时发现与监控措施是否充分，与 8.5c 等条款的衔接是否清晰。

【现场审核要点】

（1）查看控制程序，询问知识产权部门负责人企业如何发现、监控和处理知识产权争议。

（2）询问企业采取哪些措施，确保及时发现和监控产品被侵权的情况。审核员要结合企业的特殊性，重点关注这些措施是否充分和有效，抽查监控知识产权被侵权情况的记录，并判断监控的有效性。

（3）询问企业采取了哪些处理途径保护自身知识产权。

（4）询问企业在处理知识产权纠纷（被告或原告）时，是否评估了诉讼、仲裁、和解等不同处理方式对企业的影响。

【案例解析 1】

A 公司 2019 年 4 月颁布实施《知识产权管理手册》以来，将《企业知识产权管理规范》有效地融入企业管理中，在知识产权保护方面得到有效运用。

2019 年 8 月，审核组在现场审核过程中，发现该公司监控到竞争对手 B 公司生产的产品耐磨刀板进行对外销售，B 公司销售的产品使用类似 A 公司专利技术，在同行业内开展类似的 A 公司专利技术的产品销售业务，极易混淆客户对 A 公司产品和市场经营活动的认知，随后 A 公司对 B 公司发出律师函，使用法律武器捍卫公司权益。

现场审核时，该公司提供的是对竞争对手销售产品的监控记录，包括产品所涉及技术、销售手段、营销策略等，同时采用了适当的途径捍卫权益，符合审核准则 GB/T 29490 标准中的 7. 4. 2a 的相关要求。

【案例解析 2】

某公司早在 2015 年就启动了知识产权管理体系的运行。近 5 年来，在知识产权风险管控和争议处理方面积累了大量经验，该公司调动全体员工的力量进行被侵权情况的调查，法律事务部和质量科技部委托信息化管理部创建了《知识产权被侵权线索汇总平台》，便于全体员工反馈被侵权线索，所有员工都有权限填写被侵权线索，只有法律事务部部长、质量科技部部长和企业高层管理人员有权限查看平台的内容。首先由法律事务部落实被侵权线索，划分被侵权线索归属的领域，对应相应的专业室，由相应的专业室负责比对被侵权证据，判断是否构成侵权，如果构成侵权，汇报给法律事务部，由法律事务部给出处理意见，适时通过不同的途径保护知识产权。

2019 年 6 月，审核组在现场审核时查看被侵权情况监控记录，审核前一星期公司员工在知识产权被侵权线索汇总平台反馈的知识产权被侵权线索，记录了疑似侵权方北京某有限公司，工程地点山东，工程建设时间 2015 年左右，简要描述侵权情况：煤焦室前几年参加业主的能效评估时，收集到部分图纸，经比对，与该公司炉体图纸非常相似，涉嫌侵权，由法律事务部同事及时进行了评估和调查，由煤焦室正在做对比分析，并做争议处理的准备。

国内大部分企业在被侵权监控方面比较薄弱，监控手段主要是通过销售人员在市场中的调查收集、客户反馈、网络检索等手段，并没有充分调动全员力量，为了更好地做到被侵权监控，应利用一切可以利用的条件，充分保护自主知识产权不受侵犯。该企业体系运行多年积累的经验调动全员反馈被侵权情况，同时由技术部门比对，法务部门落实并给出处理意见，针对不同情况采取不同途径保护知识产权。以上审核证据符合审核准则 GB/T 29490 标准中 7. 4. 2a 的要求。

【案例解析 3】

某公司拥有“A 药业”“B 仁堂”“C 仁堂”等知名商标，审核组现场审核过程发现该公司的商标维权过程采用多种途径，包括市场监控、网络监控、委托代理机构监控等。因为该公司缺少对商标的监控渠道，因此委托代理机构定期监控《商标公告》，发现类似商标，填写《接受知识产权信息传递表》，交给该企业进行分析处理。

审核现场查看到 2018 年 1 月的监控记录，监控到某期《商标公告》的“某仁堂”商标，涉及 35 类和 5 类，申请人为烟台某管理咨询有限公司；冲突分析：与该公司拥有的“C 仁堂”商标冲突。处理措施：已反馈至企业相关负责商标管理员；反馈意见：放弃商标异议。

由于知识产权种类较多，在该公司缺少相应专业人员的前提下，委托外部专业机构也是一种好方法，上述审核证据和审核准则 GB/T 29490 标准中的 7. 4. 2a 有关，审核员将此证据与上述审核准则进行对照并给予评价，认为证据表明该公司的相关管理是符合准则要求的。

【案例解析4】

A公司是一家生产、销售生活卫生用纸的现代化大型企业，其生产的生活卫生用纸质量优良，深受广大消费者的喜爱，为此，其产品的外观设计也招来不少同行的仿冒和抄袭。

审核组在审核过程中发现，2017年年初，A公司陆续收到来自四川、湖北、河南、北京、河北等多家经销商发来的报告，称在市场上发现了卷纸包装与该公司一款卷纸的外观设计相类似的产品，不仅冲击了产品的市场和价格，而且造成消费者的误认误购，并因产品质量问题遭到消费者的投诉。

为了避免陷入不必要的诉讼大战，同时，也为了避免不知情情况下的非恶意侵权，在专利律师的建议下，A公司最后采取了向侵权方寄发敬告函的方式，告知对方该产品的包装已获得国家外观设计专利，是受法律保护的，希望对方立即停止生产、销售，并回收市场上的侵权产品，否则，A公司将采取进一步的法律行动。此警告函发出后，陆续收到来自北京、河北等地的回复信函，纷纷对自己善意无心的借鉴而导致的侵犯专利权行为表示歉意，给A公司带来的不良影响和诸多不便深感不安，并承诺立即收回市场上的同类产品，保证今后不会再发生同类事件。另外，仍有个别侵权方执迷不悟，继续实施侵权行为，对于这样的恶意侵权者，A公司将采取进一步的法律行动。

对于广大的专利权人来说，专利权的维护除了法律规定的司法诉讼、行政调解等方式外，还可以通过简单的函告方式，将无心的善意侵权快速平息，以提高诉讼效率、减少诉讼成本，缩小侵权所带来的损失和负面影响，而对于恶意侵权者，则必须通过法律武器，给之以沉重的打击和教训。

该公司针对不同的侵权情况，同时分步骤采取措施，在处理知识产权纠纷时，评估不同处理方式对企业的影响，选取适宜的争议解决方式。上述审核证据符合审核准则GB/T 29490标准中7.4.2b的要求。

【案例解析5】

A公司为当地生产纺织机械的龙头企业，企业员工约200人，年销售收入约6.7亿元，公司主要产品的销售方式为出口。多年的海外出口经历使得公司对知识产权的重视程度较高。A公司在人员招聘时对于关键岗位如知识产权和项目申报等均是通过猎头对行业内的成熟技术人员进行挖掘，2018年开始运行知识产权管理体系，审核组在现场审核时，A企业正在处理两起专利相关纠纷，并采取了不同的应变策略。

A公司目前涉及知识产权的案件主要有两件，一件为国外某同行B公司起诉其侵害外观设计专利权纠纷，一件为与C公司的专利权权属纠纷。

知识产权纠纷1：国外某同行B公司起诉其侵害外观设计专利权纠纷。

B公司诉称，其于2007年12月申请了名称为“××装置”的外观设计专利，并于2009年4月获得授权，专利号为ZL××××××××。2014年6月，B公司在上海某博览中心举办的中国国际纺织机械展览会上发现A公司展出的“××储纬器”的外观设计与B公司专利近似，A公司的行为侵犯了原告享有的涉案专利权。B公司随即要求A公司停止侵权行为，但未果。据此，B公司将A公司诉至上海知识产权法院，请求判令被告：（1）立即停止制造、销售、许诺销售涉案侵权产品的行为，销毁所有侵权产品及模具；（2）赔偿原告经济损失人民币50 000元（以下币种同）及原告因调查、制止侵权所支付的合理费用16 800元，共计66 800元。被告A公司积极应诉，并辩称：（1）其为展示自己生产的织布机之需，向案外人浙江某公司借用了被控侵权产品，该行为属于临时使用，不构成许诺销售。（2）其未实施制造、销售被控侵权产品的行为，其处亦无库存被控侵权产品及制造该产品的模具。（3）被控侵权产品与原告专利存在以下区别设计特征，两者既不相同也不近似，故未落入原告专利权的保护范围：①原告专利整体以黑色为主，且未要求保护色彩；被控侵权产品主体颜色为银色，顶部壳体为蓝色，电机的前端具有黄色的环状物。②原告专利的壳体由两部分组合而成，一部分包覆传感器，另一部分为微带弧形的长条形，向下延伸至电机的尾端形成平整的切面，并未对电机完全包覆，且壳体与电机之间没有间隙和明显的分界；被控侵权产品的壳体采用流线型一体式设计，从顶端包裹传感器一直延伸至电机末端，壳体与电机之间采用镂空设计，壳体最下端设有银色圆柱形钢管。③原告专利的电机左右两侧设有对称并与顶部弧形壳体相对应的弧形槽；被控侵权产品的电机为圆锥形，外圆周表面均布有辐射状的若干条加强筋，电机与壳体通过镂空设计产生明显区分。后经上海知识产权法院审理认为：（1）展会构成了许诺销售，被告的主张无依据。（2）被告展出所使用的产品确实为浙江某公司，其上的商标为该公司所持有。（3）将产品与专利进行对比，暂不侵权。

知识产权纠纷 2：与 C 公司的专利权权属纠纷。

C 公司同为当地的同行业生产企业，因专利权权属以及侵权纠纷将 A 公司起诉至青岛市中级人民法院，但最终进行了撤诉处理。

根据不同的知识产权纠纷，选取适宜的争议解决方式，符合审核准则 GB/T 29490 标准中 7.4.2b 的相关要求，这一结果，则是本案例中的审核发现。

（三）涉外贸易

【标准条款 7.4.3】

涉外贸易过程中的知识产权工作包括： a）向境外销售产品前，应调查目的地的知识产权法律、政策及其执行情况，了解行业相关诉讼，分析可能涉及的知识产权风险； b）向境外销售产品前，应适时在目的地进行知识产权申请、注册和登记； c）对向境外销售的涉及知识产权的产品可采取相应的边境保护措施。

【文件评审要点】

查看手册和程序文件是否内容完整、表述规范。

【现场审核要点】

（1）询问海外销售部门负责人对于涉外贸易活动中知识产权工作的理解，询问是否建立了涉外贸易中关于知识产权的管理制度。

检查近期涉外贸易的销售记录，根据涉外贸易的地域（欧美日韩、中东、非洲、南美）、数量（占总体销售额的比例，在同行业的位置）、贸易的类型（自有品牌、贴牌、ODM 或 OEM、竞争情况）等因素判断知识产权措施是否充分、有效。

（2）根据上述内容，检查其对涉外贸易目的地的知识产权法律、政策及执行情况、行业纠纷等进行事先调查情况，查看调查记录，判断调查是否充分有效。重点关注调查内容、来源、时间等主要信息。

（3）检索该公司海外专利申请、商标注册的记录，评价是否在向境外销售产品前在目的地申请、注册、登记过知识产权，如果有，核实相关时间点；如果没有，要追问原因。

询问对知识产权边境保护措施的熟悉程度，采取了哪些边境保护措施，不采取边境保护措施的原因。

【案例解析 1】

某公司主要从事电子和通信领域的产品、服务，年营收约 60 亿元。该公司在马来西亚等国家进行 4G 网络设计和建设，承接了大量 4G 基站的建设工作。该公司与当地运营商签订合同中规定，在约定的时间内，该公司应按照规定的要求交付可以使用的 4G 基站。

审核组在现场审核时，了解到该公司承接了一批马来西亚 4G 基站的建设项目，合同约定基站需要使用“××”牌电池。该公司计划在国内采购一批“××”牌电池，出口到马来西亚进行交付使用。现场审核时，该公司提供了出口前对目标市场进行知识产权法律、政策及其执行情况，行业相关诉讼情况进行调查的相关材料，这些调查材料显示，“××”作为电池商标已经在马来西亚被他人抢注，抢注人还向“××”电池厂商发起诉讼，双方在马来西亚就“××”商标的归属正处于纠纷中。基于此情况，该公司及时停止了“××”牌电池的采购和出口，并与马来西亚运营商沟通，取得对方的同意，变更合同中电池品牌的要求，并选择其他没有相关风险的电池采购并出口。现场审核时，该公司提供的是出口前对目的地马来西亚市场进行知识产权法律、政策及其执行情况，行业相关诉讼情况进行调查的相关材料，且能够证实，因而明确和审核准则 GB/T 29490 标准中的 7. 4. 3a 有关，可以作为审核证据。而审核员将此证据与上述审核准则进行对照并进行评价，认为证据表明该公司的相关管理是符合准则要求的，这一结果，则是本案例中的审核发现。

【案例解析 2】

随着中国与世界各国贸易往来的快速增长，境外商标注册需求量和办理速率要求客观快速提升。中国国内公司欲将名下商标产品进驻海外，势必要先进行商标注册。然而，中国企业在中国申请商标，注册成功后进行使用，通过使用使得商标在相关领域具有知名度和影响力，必然会涌现竞争对手甚至无利益冲突的公司或者个人对已注册具有知名度商标的仿冒、抢注等。在过去较长时间内，中国国内商标每年遭抢注的案件从未低于100起，且绝大部分为中华老字号、百年老店级别商标，在商标拥有者企业考虑到海外发展时，早已被抢先注册。审核组在审核很多企业时都遇到过商标被抢注的问题，可整理部分知名企业此环节损失的案例，提醒广大企业注意。

（1）由于“中国功夫文化”的广泛传播，“少林寺”“少林功夫”“少林拳”等少林系商标在欧美、日本等地被快速抢注。

（2）“大白兔”因其香醇的奶味与简单好记的名字而为人所知，陪伴无数的人度过了童年；大白兔奶糖不仅是中国名牌和中国驰名商标，而且产品更是经销全世界 40 多个国家和地区，然而其商标在日本、菲律宾、印度尼西亚、美国和英国被抢注。

（3）“王致和”与“同仁堂”同龄，始创于清康熙八年（1669），至今已有 300 多年历史。时至今日，“王致和”作为地道的“中华老字号”，备受广大消费者的钟爱，然而在德国被抢注。

（4）狗不理包子是天津市中国传统风味小吃，始创于 1858 年（清咸丰年间），为“天津三绝”之首，是中华老字号之一。而“狗不理”在澳大利亚、美国、日本被抢注。

（5）五粮液为大曲浓香型白酒，产于四川宜宾市，在中国浓香型酒中独树一帜。该酒起源于宋代宜宾姚氏家族私坊酿制，后经过多重改良，现在五粮液由宜宾五粮液集团有限公司酿制。2013 年五粮液品牌价值被《食品界月刊》评估达 692 亿元。五粮液是中国最高档白酒之一，然而“五粮液”在韩国被抢注。

诸如此类的国内著名商标海外被抢注的案例不胜枚举，却仍在不断发生。

“天津桂发祥十八街麻花”在加拿大被抢注；“六必居”在加拿大被抢注；“红塔山”在菲律宾被抢注；“同仁堂”在日本被抢注；“燕京啤酒”在秘鲁被抢注；“红星二锅头”在瑞典、爱尔兰、新西兰、英国等被同一家英国公司抢注。

商标抢注的目的可能有多种，如阻击竞争对手、谋求转让获得许可费、作为获得独家代理权的谈判筹码、竞争带来的市场排斥、高价转让费以及以抢注商标作为筹码威胁获取品牌在对应抢注国家或地区的产品经销权等。

很多品牌在海外遭遇商标抢注纠纷后，往往会处于较为被动的境地，根据商标权地域性的规定，商标一旦在海外被抢注成功，被抢注商标的中国企业便不得在相关国家或地区使用此商标，否则便会存在商标侵权的风险，而且由于各个国家和地区的商标制度存在一定差异，在确权纠纷程序成功追索商标权益的难度较大。商标在海外遭遇抢注后，中国企业进入相关海外市场可能需要花重金买回商标，甚至放弃相关市场，影响品牌的国际化进程。

为了避免商标在海外遭遇抢注，我国企业在进军国际市场时，商标全球化注册与保护意识也要跟进，在踏出国门之前针对目标国家或地区的具体情况采取不同的注册方式做好商标布局工作，同时在这些国家还要做好商标的监测工作，以防止他人商标侵犯自己公司的商标权利。

【案例解析 3】

2018 年 8 月，某公司投标了印度的一个工程项目，随即收到印度法院的开庭通知。该公司的主要竞争对手意大利 A 公司以该公司侵犯其专利权为由，向印度法院提起诉前禁令及侵权诉讼，妄图阻止该公司进军印度市场。

面对竞争对手的出击，该公司立即启动海外知识产权应急预案，并基于先期的知识产权分析评议工作，从容应对诉讼。经过 4 次开庭审理，印度高等法院拒绝了意大利 A 公司的所有请求。该公司终于成功打入印度市场。

现场审核时，该公司提供了对印度的知识产权法律、政策及其执行情况，同时有在印度进行知识产权申请、注册和登记的相关资料，并提供了海外知识产权应急预案，且能够证实，因而明确和审核准则 GB/T 29490 标准中的 7.4.3 有关，可以作为审核证据。而审核员将此证据与上述审核准则进行对照并进行评价，认为证据表明该公司的相关管理是符合准则要求的，这一结果，则是本案例中的审核发现。

五、合同管理

【标准条款 7.5】

> 加强合同中知识产权管理：
>
> a）应对合同中有关知识产权条款进行审查，并形成记录；
>
> b）对检索与分析、预警、申请、诉讼、侵权调查与鉴定、管理咨询等知识产权对外委托业务应签订书面合同，并约定知识产权权属、保密等内容；
>
> c）在进行委托开发或合作开发时，应签订书面合同，约定知识产权权属、许可及利益分配、后续改进的权属和使用等；
>
> d）承担设计国家重大专项等政府支持项目时，应了解项目相关的知识产权管理规定，并按照要求进行管理。

【文件评审要点】

查看手册和程序文件是否内容完整、表述规范。

【现场审核要点】

与合同管理部门负责人面谈，询问是否建立了合同管理制度，涉及知识产权的合同管理规定有哪些。询问合同审查模式，是对合同模板进行审查还是每一份合同签订前都进行审查，如果是对合同模板进行审查，则抽查对合同模板的审查记录；如果是每份合同签订前都进行审查，则选取一类合同，如采购合同，根据合同签订的数量进行抽样，查看合同审查记录，重点关注合同的编号、名称、知识产权权属等重点事项，审核记录的主要事项等。

询问体系运行期间有没有签订知识产权对外委托合同，抽取一定数量的合同查看是否有约定知识产权权属和保密条款，可通过专利、商标检索数据库，查看是否有专利申请、商标注册行为，如果有委托代理机构的，则追查其代理合同。如果合同是体系运行之前签订的，但是专利仍在审查中，则该代理合同也要查看。

询问体系运行期间有没有签订委托开发或合作开发合同，如果有，则抽查几份合同，查看其中知识产权条款的约定是否满足标准的要求。

询问体系运行期间有没有承担国家重大专项等政府支持项目，是否了解相关知识产权管理规定，是否按照相关要求进行管理。

【案例解析 1】

A 公司通过基因筛选技术制备细胞抗体，销售给 B 公司使用（该使用包括基因序列等说明），后发现 B 公司以该制备方法申请了一件发明专利并已公布。

审核组在现场审核时发现，A 公司与 B 公司签订的《销售合同》中写明该技术归 B 公司所有，A 公司在进行合同签订前，未对合同知识产权条款进行审查，导致签订的合同中出现“所提供技术归 B 公司所有”的重大失误，致使 A 公司丧失了该项技术的专利权，后经律师及相关专利人员评估，并无胜诉可能。

合同签订前未对合同中有关知识产权条款进行审查，也没有记录，造成重大损失，不符合审核准则 GB/T 29490 标准中的 7.5a，因此开具了不符合报告。

针对上述不符合，该公司分析原因，认为是由于负责合同的人员对合同签订前的知识产权条款审查不理解，导致问题的产生。该公司重新制定了合同审批制度，并由审批人员填写审批意见并签字。审核员根据该企业提供的相关证据进行书面验证，认为该企业采取的纠正措施符合要求。

【案例解析 2】

某公司成立于 1983 年，是集产品研发、咨询服务、工程设计、生产加工、安装施工于一体的国有幕墙、铝合金门窗和装饰装修企业。企业经过多年的发展，在服务社会的同时，企业品质也得到很大的提高。公司秉承“质量第一、用户至上”的经营宗旨，先后获得多项鲁班奖、全国装饰金奖及广东省优秀装饰奖的工程，连续 28 年被评为重合同守信用单位，获得中国装饰协会颁发的“50 强企业”称号。

该公司在建立知识产权管理体系时，利用公司现有的合同评审规定并结合知识产权管理体系的要求，对拟签订的合同进行严格的审查，层层把控，从合同金额、合同条款、违约责任、知识产权条款内容等方面进行审批，降低合同风险，从而实现公司连续 28 年被评为重合同守信用单位。

对公司拟签订的合同进行综合评审，可以确保合同中的条款和要求能够在公司内得到支持，避免后期因合同履行、纠纷等问题而造成不必要的麻烦和损失，影响公司形象。审核现场提供了《工程承包合同评审表》和《合同知识产权事项评审表》两份合同审批表，对合同中的内容进行综合把控，降低了合同的风险，符合审核准则 GB/T 29490 标准中 7. 5a 的要求。

【案例解析 3】

在审核某公司时，审核组了解到该公司 2015 年投诉了某知识产权代理有限公司，该代理公司在接受该公司委托代理实用新型专利申请过程中，未经委托人授权的情况下，就同一内容以第三方 C 公司的名义向国家知识产权局提交了发明专利申请，且事后未告知委托人。

知识产权对外委托环节风险点主要有两类：知识产权流失风险和泄露委托人发明创造内容的风险。同时不要陷入下列误区：（1）对外检索与分析类的委托业务不同于合作开发，不会申请专利，不会产生知识产权。（2）对外检索与分析类的委托业务，委托方只需要一份报告，产生的知识产权权属理应归委托方，无须约定知识产权权属。

知识产权≠专利，知识产权的概念为发明者、创造者等对自己的创造性劳动成果依法享有的专有权，包括专利、商标、著作权及相关权、集成电路布图设计、地理标志、植物新品种、商业秘密、传统知识、遗传资源以及民间文艺等。企业通常会涉及专利、商标、著作权及相关权、商业秘密。对外检索与分析类的委托业务，受托方完成的报告涉及著作权的归属问题。根据我国《著作权法》第17条规定：受委托创作的作品，著作权的归属由委托人和受托人通过合同约定。合同未作明确约定或没有订立合同的，著作权属于受托人。

因此，在委外合同中应完善知识产权条款约定，如果委托方认为没有必要取得著作权的权属，那么为了防止受托方单方公开报告或者将报告转卖给竞争对手，应当在合同中约定保密条款，以及对转让的限制条款。

【案例解析4】

某公司成立于2012年，主要从事3D金属激光打印机的设计、制造、销售。公司在国内激光成形领域一定知名度，主要的研发人员和股东均为清华大学的退休教授或之前课题组的硕士或博士等人员，在学校时，由于同为课题组成员，所以没有对研发成果的归属做详细的说明，但是出来投资企业后，仍保留原来的合作研发模式。

在体系运行之前，该公司仍保留之前在学校时的合作研发模式，大学合作开发时合同中虽然有知识产权条款，但是都笼统的规定，因此在产品投产和销售后，由于利益分配问题产生了纠纷。体系运行之后，该公司充分认识到需要在合作开发时，提前详细地约定好知识产权条款，以便充分保护自己的科研成果和付出的成本及投入。审核组在现场审核过程中查看某项目的合同签订情况，如其与××理工大学共同参与了“光固化×××在×××领域中的技术开发与应用研究”项目，并签订有《技术开发（合作）合同》，在合同中约定了知识产权的权属、利益分配及后续改进的权属，《合同》第15条规定：“合作各方确定，因履行本合同所产生、并由合作各方分别独立完成的阶段性技术成果及其相关知识产权权利归属，按第1种方式处理：1. 合作各方享有申请专利的权利。专利权取得后的使用和有关利益分配方式如下：甲、乙双方各占50%等。”

现场审核时，该公司提供《技术开发（合作）合同》明确和审核准则

GB/T 29490 标准中的 7.5c 有关，可以作为审核证据。而审核员将此证据与上述审核准则进行对照并进行评价，认为证据表明该公司的相关管理是符合准则要求的，这一结果，则是本案例中的审核发现。

六、保密

【标准条款 7.6】

应编制形成文件的程序，以规定以下方面所需的控制： a）明确涉密人员，设定保密等级和接触权限； b）明确可能造成知识产权流失的设备，规定使用目的、人员和方式； c）明确涉密信息，规定保密等级、期限和传递、保存及销毁的要求； d）明确涉密区域，规定客户及参访人员活动范围等。

【文件评审要点】

查看手册和程序文件是否内容完整、表述规范。与保密相关的体系文件也要进行评审。

【现场审核要点】

查看保密程序文件，询问保密工作负责人企业对保密工作的要求有哪些，目前对于涉密人员、涉密设备、涉密信息及涉密区域的管理如何开展。

保密条款不能只审核牵头部门，还应该在各个实施部门进行验证。

根据保密制度的要求，现场检查相关部门保密信息的管理情况是否满足程序要求。重点关注涉密档案、文件的使用信息，查看涉密信息的保密等级、期限和传递、保存及销毁的情况，判断涉密信息识别是否充分，保密措施是否到位，可到相关部门现场验证涉密信息的管理情况。

查看保密程序文件中涉密人员的管理要求，检查是否按照程序进行管理，重点关注涉密人员的密级、接触权限等相关内容，并判断涉密人员的密级、接触权限是否适宜，另外涉密人员的识别是否有遗漏。

根据程序文件的规定，明确哪些设备属于可能造成知识产权流失的设备。在相应部门现场抽样检查，例如，研发人员、生产人员、知识产权工作人员的电脑，勘察特殊生产设备等的使用情况，检查是否按照规定使用，使用人员和方式是否符合要求，使用记录是否完整。重点关注相关设备的使用人员、方式等信息。

现场查看涉密区域的管理是否符合保密程序要求，现场有无保密提示，客户或参访人员是否有明确的活动范围，人员进出限制、登记情况。重点关注现场的管理情况，如门禁管理情况、涉密区域提示等。

【案例解析 1】

审核组在审核上海 A 企业时，发现该企业监控到本地超市销售的一款辣椒酱，外包装与 A 企业不同，但主要配料相同，口感非常相似。经初步调查发现，这款辣椒酱并非 B 企业自主研发，B 企业这款辣椒酱的上市时间为 A 企业 C 技术人员离职之后不久，经过相关部门调查取证，发现 C 电脑中存有辣椒酱配方，离职后 C 将公司辣椒酱配方高价出售给 B 企业。

作为食品企业，配方是公司的商业秘密，查看该技术对涉密人员的管理，发现并未进行保密等级和接触权限的管理，导致技术人员 C 可以接触到公司的商业机密，公司的保密管理制度不够完善，造成重大损失。

上述审核证据与审核准则 GB/T 29490 标准中的 7. 6a 有关，审核员将此证据与上述审核准则进行对照并进行评价，认为证据表明该公司的相关管理是不符合准则要求的。这一结果，则是此案例中的审核发现。

针对上述不符合，该公司分析原因，认为是技术人员的保密意识薄弱造成的，在经受损失时已经意识到问题，经过管理体系的审核，进一步了解到涉密人员的相关要求，该公司立即明确规定了涉密人员的密级和权限，同时将全公司员工进行密级划分，严格按密级权限管理，严防由于人员管理不善导致泄密事件再次发生，以实现对该不符合的纠正。审核员根据该企业提供的相关证据进行书面验证，认为该企业采取的纠正措施符合要求。

【案例解析 2】

2019 年 8 月，审核组审核深圳某公司，现场查看该公司在涉密设备、涉密信息的管理，该公司具体制度规定详细，公司所有涉密文件发送均设置密码，即使发送给不相关的人员，没有密码也无法查看，涉密文件打开后不能转发，转发均为乱码；公司根据员工的岗位、级别、工作内容设置不同的文件、电脑访问权限，每人仅在访问权限内查看电脑内容，避免不相关的人员越级查看相应文件；打印机、复印机设置密码，在打印机上提交打印申请后，在电脑弹出二维码，需要提交人本人手机扫描二维码才能打印，保密措施控制严格。审核组现场查看了涉密文件、员工的不同权限以及打印机、复印机的操作情况，均按制度执行并留有记录。

现场审核时，该公司提供的涉密设备、涉密信息的管理制度及相关记录文件明确和审核准则 GB/T 29490 标准中的 7.6b、7.6c 有关，可以作为审核证据。而审核员将此证据与上述审核准则进行对照并进行评价，认为证据表明该公司的相关管理是符合准则要求的。这一结果，则是此案例中的审核发现。

【案例解析 3】

某公司是集研发、生产、销售于一体的现代化香精香料生产企业，该企业曾发生过几起商业秘密泄露事件，均造成重大不利影响，审核组经过调查，发现该企业存在以下两大问题：（1）企业厂内有多项设备，但其中部分设备未申请专利保护。（2）商业秘密管理方面，仅与员工签订了一份保密协议。此事件无疑给该企业敲响了商业秘密保护的警钟，意识到企业商业秘密保护的急切需求和潜在风险。

该公司领导经过与知识产权机构合作，紧急梳理了公司的整体情况，进行商业秘密管理建设。在建立体系制度的同时，也增加了电脑软件监控及保密等信息管理监控的技术，在公司的保密区域安装摄像头、进出指纹门禁等，形成初步完善的商业秘密管理体系，避免因泄密可能造成的更大损失。

审核组在现场审核时，进入大厦需要刷员工卡，进入楼层需要指纹验证，再进入各个房间同样需要指纹验证，但是这时的验证就有权限之分了。普通员工验证自己的指纹是不能进入无权进入的区域的，比如经理室、财务室。包括会议室，也是申请使用之后才开通权限。

审核现场查看涉密设备管理，公共办公设备的使用也需要权限，例如，远程使用公共打印机的时候，电脑会弹出权限识别二维码，扫描通过后方可使用。外来人员使用网络，需公司员工通过二维码确认通过。

针对涉密信息，公司员工需接触自己无权接触的信息时，如审核时，知识产权专员需调阅人事部门的花名册，经申请、部门领导同意调阅后，对方发过来的电子文档有临时密码，知识产权专员输入该密码后方可打开阅读。

上述关于涉密设备、信息和区域的管理，明确和审核准则 GB/T 29490 标准中的 7.6 有关，可以作为审核证据，审核员将此证据与上述审核准则进行对照并进行评价，认为证据表明该公司的相关管理是符合准则要求的，这一结果，则是本案例中的审核发现。

第五节 实施和运行

一、立项

【标准条款 8.1】

立项阶段的知识产权管理包括： a）分析该项目所涉及的知识产权信息，包括各关键技术的专利数量、地域分布和专利权人信息等； b）通过知识产权分析及市场调研相结合，明确该产品潜在的合作伙伴和竞争对手； c）进行知识产权风险评估，并将评估结果、防范预案作为项目立项与整体预算的依据。

【文件评审要点】

查看手册对该条款的描述内容是否完整、表述是否规范。查看是否有立项的制度或流程。

【现场审核要点】

询问企业是否有研发相关制度或流程文件，询问研发部门负责人立项、研发的工作流程及立项、研发过程中的知识产权管理。

查看研发项目的管理情况，询问体系运行期间总的立项数量，抽取一定数量的研发项目进行审核。

查看所抽取项目的立项资料，是否针对关键技术的专利数量、地域分布、专利权人信息等内容进行知识产权检索分析，分析是否充分有效。

询问市场调研情况，结合知识产权分析的结果，是否明确潜在的竞争对手和合作伙伴。

检查该项目的知识产权风险评估情况，是否将评估结果、防范预案作为项目立项与整体预算的依据。

【案例解析 1】

审核组在对威海某公司进行知识产权管理体系二阶段现场审核过程中，发现该公司承担了国家“863”项目，研发一款传感器，该传感器在国内没有类似产品，在美国和法国有两个公司有类似的传感器。该公司提供的审核证明表明其在项目立项前通过对该项目所涉及的知识产权信息的分析以及前期的市场调研，明确了上述美国和法国的两家公司为主要竞争对手，并有针对性地收集这两家公司相关的专利信息，并对其技术方案进行剖析，发现这两家公司传感器的技术方案完全不同。

经过项目组的讨论，在美国公司已有专利技术方案的基础上进行改进和优化，该公司制订了一套新的技术方案及相应的工艺方案，经过大约一年的结构设计和工艺试验，研究出一种特殊的腐蚀工艺，制造出独特的六边形的传感器芯片结构，达到了预期的性能指标。

以上项目的实施，在识别竞争对手的基础上，进行专利信息的收集，并对收集的信息进行分析，在此基础上制订可行的技术方案，并进行优化，既节省了研发周期、成本，又规避了专利侵权风险，形成自己的专利步局，达到项目研发的预期目的。该公司提供的对项目所涉及的知识产权信息进行分析的材料以及市场调研的相关材料真实可信，且明确和审核准则 GB/T 29490 标准中的 8.1 条款有关，可以作为审核证据。将此证据与上述审核准则进行对照并评价，证据表明该公司的相关管理符合准则要求，这一结果，则是本案例中的审核发现。

【案例解析 2】

昆山某有限公司主要为国际一线客户、国内知名 IT 企业提供服务，生产、销售消费数码/通信类电子产品，是一家专业从事消费类电子产品、连接器的研发、制造及销售的高科技企业公司。其主要客户是国内外几个最主要的手机厂商，近年来其主要业务是做手机振动器，该装置的原理和机构都较为简单，主要体现在制造过程的良品率控制和生产效率上，因此企业近年来主要精力放在生产上，对于振动器具体结构的研发没有十分重视。

审核组在进行知识产权管理体系二阶段现场审核过程中发现，该企业在体系运行期间，有一个名为“铁芯结构××马达××”的研发项目。该项目研发的主要方向也是倾向于提高良品率和生产效率，忽视了对于较为简单的元器件的研发。虽然在立项时也使用“线性振动电机”“铁芯结构”“V 型弹簧”等关键技术进行了专利信息检索，但仅仅筛选出 2 篇相关的专利文献，且经过对比分析，认为侵权风险低。

同时，该企业也在该领域锁定了歌尔声学、三星、瑞声等竞争对手，但是没有对竞争对手的专利做全面的分析，直到项目快结题时，发现竞争对手在早于该项目立项前已经申请了一项专利，文献虽然没有上述关键词，但是有项目中装置的类似结构，而且分类号也是所属领域的分类号。

尽管在现场审核时，受审核方提供了立项前对项目所涉及的领域的知识产权信息进行检索分析的证据，并且明确了潜在的竞争对手，但是由于仅仅使用了关键词对相关技术领域的知识产权信息进行检索，导致漏检，依然没有避免研发产品的侵权风险。因此，审核组针对该条款开出了观察项，将在下一次的知识产权管理体系认证审核过程中重点关注企业在该条款的实施情况。

二、研究开发

【标准条款 8.2】

> 研究开发阶段的知识产权管理包括：
>
> a）对该领域的知识产权信息、相关文献及其他公开信息进行检索，对项目的技术发展状况、知识产权状况和竞争对手状况等进行分析；
>
> b）在检索分析的基础上，制定知识产权规划；
>
> c）跟踪与监控研究开发活动中的知识产权，适时调整研究开发策略和内容，避免或降低知识产权侵权风险；
>
> d）督促研究人员及时报告研究开发成果；
>
> e）及时对研究开发成果进行评估和确认，明确保护方式和权益归属，适时形成知识产权；
>
> f）保留研究开发活动中形成的记录，并实施有效的管理。

【文件评审要点】

查看手册是否内容完整、表述规范。

【现场审核要点】

结合立项工作的审核，可以继续检查所抽项目研发阶段的记录；也可根据目前在研项目的数量进行合理抽样，选取其他有代表性的项目。

检查研发阶段的检索及分析记录，是否充分有效，重点关注对知识产权信息、相关文献及其他公开信息进行检索的记录，以及检索之后对项目的技术发展状况、知识产权状况和竞争对手状况等进行分析的记录。

检查项目是否有在检索分析的基础上制定知识产权规划及其记录，是否充分有效，重点关注项目的知识产权规划内容，注意时间点。

根据研发周期和行业新专利文献更新的频率，检查研发过程中是否跟踪检索，查看对检索结果的运用情况，是否调整了研发策略和内容。如果没有，要询问理由，进行重点关注。

询问有哪些督促及时报告研发成果的措施，判断是否有效，查看相应记录。

询问所抽查项目所处的阶段，是否形成研发成果，如果有，查看是否有对上述研发成果进行评估和确认，明确保护方式和权益归属，适时形成知识产权，查看对应的评估记录。可查看近期申请的专利，是否有从上述项目中产出的，如果有，追溯专利申请前的评估记录，重点关注评估的相关人员签字等，并判断评估的充分和有效性。

根据行业差异，检查研发记录的管理是否有效，现场查看研发记录的管理情况。

【案例解析 1】

湖南某科技公司是一家研发驱动型企业，以其 40% 以上的研发人员、40% 以上的海外销售额、200 多件的专利在 3D 打印领域独树一帜，该公司成立时间不过 10 个年头，已经成为所在行业的领航企业。作为研发驱动型企业，该公司十分重视研究开发过程中知识产权信息的利用工作。

审核组在进行知识产权管理体系二阶段现场审核过程中发现，该公司建立了完整的立项研发过程的知识产权管理流程。

在研发项目立项前，对全球的项目相关的知识产权（主要为专利，同时包括少量论文）进行检索，并形成系统的“检索报告”，报告包括该技术的专利布局、预警分析，具体分析包括全球专利申请状况、技术发展路线、区域分布、申请人、重点专利权人、核心专利等内容。同时，对相关技术进行市场调研，明确产品潜在的合作伙伴和竞争对手；在进行知识产权风险评估的基础上设立研发预算，经过高层会议决定是否予以立项。

在研究开发阶段，对产品所属领域的知识产权信息、相关文献及其他公开信息进行检索，对项目的技术发展状况、知识产权状况和竞争对手状况等进行分析，形成“专利分析报告”，主要对所要攻克的核心技术点进行专利分析，包括申请态势、申请人、技术情况、专利法律状态等进行详细分析，分析是否存在专利壁垒等情况，并且在分析的基础上制订相应的知识产权规划；对研发方向起到了很好的参考作用，有利于公司专利的布局；同时，还会对研发项目进行跟踪监控，及时发现申请未公开的相关专利。通过定期召开项目组会议，并建立有《项目实施计划表》以确保项目的顺利推进。

现场审核时，受审核方提供的立项前和研究开发阶段的检索分析报告，包含项目预算的立项报告，知识产权规划文件以及研究开发过程中对项目进行跟踪检索分析的记录文件等相关证据材料，表明其在立项及研究开发过程中的知识产权管理工作满足标准 GB/T 29490 标准中 8.1 和 8.2 条款的要求。

【案例解析 2】

重庆某公司是从事超声治疗领域的基础研究、设备开发、成果转化、生产制造、临床应用、设备销售及医疗服务的国家级高新技术企业。在全球率先突破了高强度聚焦超声治疗肿瘤的关键核心技术，于 1999 年研制出我国首台具有完全自主知识产权的大型医疗器械——××超声肿瘤治疗系统。2002 年该设备出口英国，首开“中国创造”的大型高端医疗设备出口发达国家之先河，并于 2005 年通过欧盟 CE 认证，是全球首个获得该项认证的超声肿瘤治疗设备。经过近 20 年的研究及产业化发展，该公司已经开发出超声无创治疗良性或恶性肿瘤、妇科常见病、康复保健三大系列、十多种型号高端医疗设备，技术成果居世界领先水平。

该公司自 2014 年开始建立并运行知识产权管理体系，并不断完善优化体系管理，借助企业自身每年度的内部审核和外部审核，企业目前知识产权管理体系运行良好，有效地监控和控制了企业的知识产权风险，截至 2019 年，企业已经完成知识产权管理体系再认证的第一次监督审核。

企业的产品核心是超声治疗设备，目前已经申请产品相关专利 300 多项、注册有效商标 200 多项、软件著作权登记 30 项以及拥有图片著作权 40 多项；该企业每年仍保持获取知识产权若干。知识产权是该企业的产品得以保护和获得市场竞争力的有力保障，公司自董事长、总经理以及全体员工均非常重视。审核组在审核过程中始终围绕公司产品研究、开发、生产以及销售等环节的知识产权管理，从细节入手，系统性地为企业的进一步优化管理梳理问题，以规避管理中的漏洞以及进一步优化企业的各环节的有效管理工作，达到认证审核目的。

在研发部门的知识产权管理体系二阶段现场审核过程中，审核组抽查了《××超声关节炎治疗仪》项目，项目周期为2013年1月至2015年12月，不能提供对项目所属领域的相关文献及其他公开信息的检索记录，不能提供对该项目的技术发展状况进行分析的记录。不符合GB/T 29490—2013标准中8.2a的规定。执行期为2012年1月至2016年12月的“××集声系统”的研究项目，执行期为2011年6月至2019年的“××手术导航系统开发”的项目，不能提供跟踪与监控研究开发活动中的知识产权状况的记录。这些不符合GB/T 29490—2013标准中8.2条款的规定。

【案例解析3】

广西某公司研发中心在进行知识产权管理体系二阶段现场审核时，向审核组提交了在项目研发过程中及时跟踪与监控研究开发活动中的知识产权，适时调整研究开发策略和内容，避免或降低知识产权侵权风险的运行证据材料。

该研发中心在2018年5月通过立项审批的“合成××××烯醇工艺研究”项目，研发周期为1年（2018年6月—2019年5月）。研究开发的初始阶段，研发人员对与合成××××烯醇相关的知识产权信息、相关文献信息进行检索分析，并在此基础上初步制订了研究方案，包括溶剂、催化剂、温度、时间、配比等工艺技术。研究过程中定期对该××××烯醇的合成工艺进行跟踪检索。在2019年1月10日的一次跟踪检索过程中，发现杭州某公司在2018年9月28日申请的两项发明专利中，公开日分别为2018年12月21日和28日，已经公开的技术方案与项目组研发的技术方案有重叠的地方，比如温度、溶剂、时间、配比，而且该专利的保护范围较广，已经含括项目组实际的反应工艺条件。项目组在2019年1月13日立即开会商议项目研究方向，对××××烯醇项目研发的内容进行微调，把溶剂和催化剂的筛选方面进行重新布局，避免知识产权侵权风险。

该证据材料表明受审核方在项目研发过程中能够及时跟踪与监控研究开发活动中的知识产权，适时调整研究开发策略和内容，避免或降低知识产权侵权风险，在满足 GB/T 29490 标准中 8. 2c 条款要求的同时，有效地降低或避免了研发过程中的侵权风险，为公司的研发团队保驾护航。

【案例解析 4】

西安某电子科技公司是从事能源行业石油测井领域高端产品研发、生产、销售的一体化专业公司，是我国套管井装备骨干企业，是全系列石油套管井测井仪器生产基地。

审核组在对研发部进行知识产权管理体系二阶段现场审核时，查看《研发部知识产权管理办法》，其中第 7 条规定："每半年会对项目涉及的知识产权情况进行跟踪检索"，现场抽查"阵列电阻测井仪"项目（项目周期 2017 年 5 月—2019 年 12 月）的研发记录，受审核方只能提供项目立项前的检索分析记录，不能提供研究开发过程中对项目进行跟踪检索的分析记录。

审核组针对该问题开具了不符合项，不符合 GB/T 29490—2013 标准 8. 2c 条款的要求以及《研发部知识产权管理办法》第 7 条"每半年会对项目涉及的知识产权情况进行跟踪检索"的规定。

受审核方非常认可该不符合项的开具，并及时进行原因分析：由于原项目停滞且延期时间较长，导致研发项目管理、开发管理人员未能及时确定延期项目的跟踪检索时间节点，未及时提交跟踪检索申请，导致未进行跟踪检索，并提出了纠正及纠正措施。

受审核方于 2019 年 8 月 22 日完成该项目的跟踪检索、分析工作，并形成相关记录，且确定该项目研究开发方向不需要调整，对上述不符合项及时进行纠正。

【案例解析 5】

审核组在对武汉某企业进行知识产权管理体系二阶段现场审核过程中，发现该公司项目启动时间和专利申请时间很接近。经了解，企业有 4 名专职专利管理人员，其中主管具备专利代理资格证，并有多年企业专利工作经验，研发人员也对专利申请流程比较了解。该企业在项目正式研发时，就在检索分析的基础上，提前做好专利申请的布局，因为该企业所在的电子行业，技术迭代更新很快，竞争十分激烈，因此及时对成果进行保护十分重要。

GB/T 29490—2013 标准 8.2d 条款的要求就是督促企业对成果及时进行保护。在审核过程中，审核组发现大多数企业的专利申请是在项目快完成，甚至产品都已经要投放市场时，才进行成果鉴定，申请专利保护。这往往造成因为成果鉴定，产品试验、试制，技术交流等造成技术泄露，被其他竞争对手抢先申请专利，然后再去进行权属争夺，因为举证难度非常大而失去专利权，还有被对手公开而成为现有技术失去新颖性。因此，督促研究人员及时报告研究开发成果，进行评估后采取合适的保护方式就十分必要。武汉该企业的做法不失为及时进行知识产权保护的范例，企业也可充分利用专利优先权、专利分案申请等手段预先对研发的技术方案进行保护。

三、采购

【标准条款 8.3】

采购阶段的知识产权管理包括：

a）在采购涉及知识产权的产品过程中，收集相关知识产权信息，以避免采购知识产权侵权产品，必要时应要求供方提供知识产权权属证明；

b）做好供方信息、进货渠道、进价策略等信息资料的管理和保密工作；

c）在采购合同中应明确知识产权权属、许可使用范围、侵权责任承担等。

【文件评审要点】

查看手册是否内容完整、表述规范。

【现场审核要点】

与采购部门负责人面谈，询问采购涉及知识产权产品时的做法，对照采购制度的要求，检查是否符合规定。

查看体系运行以来的采购目录，从中选取可能涉及知识产权的产品，查看在采购该产品前是否收集其涉及的知识产权相关信息，是否要求供方提供知识产权权属证明。

查看企业对供方信息、进货渠道、进价策略等信息采取哪些保密措施及管理情况。

从采购目录中抽取一定数量的涉及知识产权产品的采购合同，查看是否约定了知识产权权属、许可适用范围、侵权责任承担等内容。

【案例解析 1】

某企业的核心产品是超声治疗设备的软硬件研发及其与之匹配的专业使用方法，而超声治疗设备的生产主要通过外包，与外包生产方签署外包加工合同进行。

审核组在进行知识产权管理体系二阶段现场审核过程中发现，受审核方在签订采购合同时，使用统一的模板《加工定制合同》和《采购合同》，查看上述两份合同模板的内容，均未明确约定知识产权权属、许可使用范围、侵权责任承担等内容。抽查 2015 年 7 月 7 日与××仪器厂签订的××产品的《加工定制合同》，合同编号：HF 合同 20150813 第 3046 号，合同中未明确知识产权权属。2015 年 7 月 10 日与××公司签订的宣传册《印刷合同》，合同中未明确侵权责任的承担。这些不符合 GB/T 29490—2013 标准中 8. 3c 条款和 8. 4 条款的规定。

【案例解析 2】

长沙某公司为某集团下属企业，重点发展高端轻质合金、特种高分子材料、增材制造及 3D 打印服务、动力电池循环再生利用、金刚石及微纳技术、太空材料等，致力于为用户提供新材料整体解决方案，力争将新材料研究院打造成为集团新材料研发总体部、湖南航天新材料板块龙头企业和新材料产业孵化平台。

受审核方对于知识产权一直较为重视，自公司成立以来，每年均有新申请的专利，截至 2019 年 11 月共有 120 多项有效专利，其中 21 项授权的专利，19 项注册商标。

受审核方在日常的生产经营活动中主要采购的产品包括原材料，以及供研发使用的新设备、仪器等。审核组在进行知识产权管理体系二阶段现场审核过程中，审核采购过程中的知识产权管理时，发现受审核方在采购涉及知识产权的设备仪器前没有对拟采购设备进行知识产权信息收集的记录文件。抽查受审核方 2019 年 5 月 28 日采购全自动激光影像测量仪的采购记录，不能提供采购该仪器前，收集该仪器相关知识产权信息的记录。这些不符合 GB/T 29490—2013 标准 8. 3a “在采购涉及知识产权的产品过程中，收集相关知识产权信息，以避免采购知识产权侵权产品，必要时应要求供方提供知识产权权属证明” 的规定。

受审核方对审核组开具的不符合项非常认可，并进行原因分析，主要原因是采购人员对于标准条款的理解不到位；未能在采购前对可能存在知识产权风险的产品开展知识产权风险信息收集，以避免采购知识产权侵权产品。

受审核方针对该不符合项进行了纠正：对“全自动激光影像测量仪”的供应商、市场上及行业的知识产权信息进行收集，对产品经销商、供应商的评判、商标、专利、纠纷进行收集和分析，评估风险。同时进一步加强采购人员与知识产权管理人员的沟通，在内审中再一次与采购管理人员强调，在与供应商的采购合同中继续保持原有的知识产权条款，同时在后续采购大型涉及知识产权风险产品时，加强知识产权信息收集。上述不符合项纠正实施完成情况得到了管理者代表的确认。

【案例解析 3】

深圳市某公司是一家主要从事电线、电缆生产和研发的高新技术企业，产品涵盖 35kV 中压电力电缆、YJV_ 0. 6/1kV 交联聚乙烯绝缘低压电力电缆、家装电线，网络线、工业控制线缆，中低压成套设备。公司非常注重管理体系的建设，于 1998 年即通过 ISO 9000 质量管理体系认证。目前保有的管理体系有 ISO 9001 质量管理体系、ISO 14001 环境管理体系、B/T 28001—2011 职业健康安全管理体系，产品均通过了 3C 国家强制认证、IEC 国际电工协会认证、ROHS 认证。

企业近几年在产品及生产工艺研发方面投入较大，但相应的知识产权风险识别、规避和成果的知识产权保护意识还比较薄弱，对相关的法律法规了解较少，企业工作流程中的知识产权风险管控有待进一步完善。

审核组在进行知识产权管理体系二阶段现场审核过程中，审核采购过程中的知识产权管理活动时发现，受审核方近几年采购的新型生产设备、环保设备等设备采购活动较多，且相对于化学原材料，设备采购的知识产权风险更大。虽然采购过程中采购人员在设备采购前进行了一定的知识产权信息收集、分析工作，但相关工作做得还不够细致，无法在采购前期有效识别采购产品的知识产权风险，并进行有效规避；另外在设备采购合同的签订中对知识产权条款的约定不足或缺失，容易给企业带来根本性的知识产权风险。

受审核方体系运行以来，共签订 160 余份采购合同，抽查 40 份合同，发现采购合同的签订中对知识产权条款的约定不足或缺失，尤其是设备采购合同，例如，2019 年 1 月 16 日与河南某公司签订的采购臭氧除烟尘味系统《设备销售合同》（合同编号 JYKJS-19-0116A），合同总金额××万元，合同中没有约定知识产权权属、许可使用范围、侵权责任承担等条款。其不符合 GB/T 29490—2013 标准 8.3 采购“c）在采购合同中应明确知识产权权属、许可使用范围、侵权责任承担等”的规定。因此，审核组针对上述问题开具了不符合项。

受审核方对以上不符项进行了原因分析：相关人员对采购过程中的知识产权风险理解不到位，更多关注性价比，忽略采购产品的知识产权风险；并且讨论制订了纠正、纠正措施或纠正措施计划：短时间内首先组织采购部人员对标准 8.3 采购过程中知识产权管控知识进行重新深入的学习，加强理解；另编制明确有知识产权权属、许可使用范围、侵权责任承担等条款的《知识产权保证函》，在今后的采购活动中使用，并与上述河南某公司补签相关协议。

管理者代表对上述纠正与纠正措施实施完成情况进行了确认。审核组对上述纠正与纠正措施实施完成情况进行了跟踪验证，查看相关知识的培训记录，制定的《知识产权保证函》模板，与河南某公司补签的《知识产权保证函》协议，涵盖了所有从河南某公司采购的设备，纠正措施可以接受且证实有效。

现场审核时，受审核方提供了采购部的涉密信息清单，其中涉密信息包括供应商名录、供应商资质证明材料、报价信息、进价信息、采购合同等。受审核方通过ERP系统对采购信息进行管理，设置有查看和导入导出权限，采购人员的电脑均设有登录名和密码。部门内部分为供应商管理和项目管理两种类型，只在权限内查阅本岗位相关信息，不能交叉阅览。采购合同及相关的档案分电子文件和纸质文档，由专人管理，纸质档案材料保管于文件柜中。严格按照《保密管理办法》中涉密信息的借阅、传递规定进行管理。采购人员对相关资料的管理和保密工作理解到位，并严格执行。

四、生产

【标准条款8.4】

生产阶段的知识产权管理包括：

a）及时评估、确认生产过程中涉及产品与工艺方法的技术改进与创新，明确保护方式，适时形成知识产权；

b）在委托加工、来料加工、贴牌生产等对外协作的过程中，应在生产合同中明确知识产权权属、许可使用范围、侵权责任承担等，必要时应要求供方提供知识产权许可证明；

c）保留生产活动中形成的记录，并实施有效的管理。

【文件评审要点】

查看手册是否内容完整、表述规范。

【现场审核要点】

询问生产部门负责人公司生产活动如何开展，对照相关制度文件，检查生产活动是否符合文件要求。

询问是否涉及产品与工艺方法的技术改进与创新，查看生产部门对涉及产品与工艺方法的技术改进与创新的评估、确认情况，抽查一定数量的知识产权评估确认记录，重点关注是否有明确技术改进的保护方式，并查看与该项知识产权有关的获取记录。

询问是否存在委托加工、来料加工、贴牌生产等对外协作事项，如果有，抽取一定数量的对外协作合同，查看是否约定了知识产权权属、许可适用范围、侵权责任承担等。如果有知识产权许可证明，也要进行重点关注。

查看与知识产权有关的生产记录的管理情况，以确定是否对生产活动中形成的记录实施有效管理。

【案例解析1】

湖南常德某包装印刷公司，开展了知识产权贯标，建立了合理化建议的提报及审批制度。

该公司在一次组织对某材料公司参观时，生产部门员工李某在生产车间发现该材料公司的一个废纸切边后的边料收集装置非常好，可以提高边膜的收集效率，于是回到公司后向领导提交设备改进的合理化建议，建议生产部门采用。

知识产权专员对该合理化建议审批时，经检索发现许多类似专利，更有该材料公司申请的中国专利“一种边料收集装置”，对该技术进行了保护，随即知识产权专员邀请技术人员分析后，终止了该项目。

合理化建议在促进公司知识产权保护、防止知识产权流失中扮演着重要作用，此外，也可以通过评估机制，评估在生产过程中的仿照性改进的可行性与知识产权风险，避免知识产权侵权。

【案例解析2】

审核组在对某公司进行知识产权管理体系二阶段现场审核过程中，发现该公司为最大限度地调动全体职工参与企业经营管理的积极性和创造性，努力营造浓厚氛围，形成人人参与、持续改善的良好局面，为实现公司效益最大化目标提供源泉和保障，制定了《全员合理化建议管理办法》。

该公司设有网上练兵系统，每个员工有自己账号登录系统，在个人中心—合理化建议—新增建议，填写建议内容，后台管理员查看企业员工提交的合理化建议。后台管理员每个季度针对合理化建议进行初评一次。对于评审后实施效果良好的合理化建议，每年会进行公司级评审。同时成立全员合理化建议评价委员会。主任由公司总工程师担任，委员由公司各职能部室一把手担任。评委会分专业下设评审小组。各二级单位、部室成立全员合理化建议评价小组。组长由主抓技术的副厂长（副部长）担任，组员由各有关科室负责人组成。

2019 年该公司共计划形成 175 件发明专利申请，125 件实用新型专利申请，其中很大一部分来源于公司及其下属的各二级单位收集的合理化建议。体系运行以来共收集合理化建议 506 项，已采纳 130 项，并及时对合理化建议进行评估，确定保护形式并及时进行保护。已申请 1 项发明专利，9 项实用新型专利。

钢铁行业虽然是一个相对传统的行业，但是在社会不断发展、环保要求日益严格、国家对经济发展方式不断提出更新更高要求的大背景下，其发展方式也已经逐渐摆脱传统的粗放规模发展，向更多地依赖于技术创新、知识产权竞争的方向前进。

该公司在知识产权方面取得了良好的成绩，并多次获得荣誉，其中合理化建议收集、评估起到了支撑性的作用。

【案例解析 3】

枣庄某公司是研制、生产破碎机设备的专业厂家，具有雄厚的技术力量，先进的生产检测设备和健全的质量保证体系；是目前国内最大台时产量 3000 吨/4000 吨 EPCO 总承包服务商，单机 2000/3000/3500 吨。该公司生产的破碎机、给料机、振动筛等三大系列五十余种型号的产品和石料生产整套设备，广泛用于建材、交通、矿山、化工、水利、冶金等行业。其研制的重锤反击式破碎机是目前国内单机产量最大、能耗最低的破碎机，是国内同类型破碎机能耗的 50%。仅重锤反击式破碎机一种产品就拥有专利 8 项，分别为发明专利 1 项、实用新型发明专利 5 项、外观设计专利 2 项；振动筛实用新型专利 1 项。

截至 2019 年，受审核方已经拥有 101 项授权专利、2 项已注册商标，196 项申请中的专利、2 项注册中的商标，在建研发中心一个，研发中心由矿山破碎装备研究所，智能、环保装备研究所，工艺研究所和检测分析中心组成。为了打好知识产权管理基础，受审核方建立了知识产权管理体系，并高薪聘请专员主持相关工作。由于公司知识产权增长较快，人员知识产权管理意识相对滞后，知识产权管理基础比较薄弱。

在进行知识产权管理体系二阶段现场审核过程中，审核组发现受审核方定期汇总生产过程中的技改内容，并进行评优评估，通过发放奖金、礼品的方式调动员工合理化建议提出的积极性，但未对技改方案是否需要知识产权保护进行评估。而在实质生产过程中，部分合理化建议创新能力突出，尤其是针对产品上的一些关键点的改进，但并未形成有效保护。现场抽查的5份《工艺改善提案项目申报表》，均无是否进行知识产权保护的评估，通过与生产部门的沟通，确认该风险项，开具了一项不符合项。

《工艺改善提案项目申报表》中，未对“振动筛轴承座加工步骤改进”进行及时评估和确认，明确保护方式。其不符合 GB/T 29490—2013 标准 8.4 生产“a）及时评估、确认生产过程中涉及产品与工艺方法的技术改进与创新，明确保护方式，适时形成知识产权”的规定。

受审核方及时对上述不符合项进行了原因分析，认为是体系运行初期，相关负责人对该标准条款理解不到位，存在一定理解偏差，未全面覆盖合理化建议是否形成知识产权的评审。

生产部针对上述不符合项及时进行纠正，对所有员工合理化建议进行评估，并要求将评估意见填写在《工艺改善提案项目申报表》的“专业评审意见栏”中，针对不符合内容，评估提案内容为“振动筛轴承座加工步骤改进简单，不需要进行专利申报”。

同时受审核方制定了纠正措施：为避免出现相关问题，深入理解标准条款的内容，重新对整个生产部门进行相关标准条款的自主学习和培训，强调后续对员工合理化建议进行评估，可申请专利的及时申请专利，并形成相关记录。

管理者代表对上述纠正与纠正措施实施完成情况进行了确认。审核组针对上述不符合项的整改材料进行验证，并验证关闭。

【案例解析4】

随着我国对外开放程度的进一步提高，贴牌生产加工的贸易形式也成为国内许多代工工厂的主要盈利方式。国内企业接受外商的委托，按照外商的要求加工产品（包括包装、贴附商标等），并将全部产品出口至国外，这一业务模式（定牌加工）已经非常普遍。贴牌生产活动需要引入外部知识产权，如商标、专利，在引入知识产权过程中必然增加生产企业的知识产权风险，规避风险在贴牌生产过程中是非常重要的，所以企业在签订贴牌生产等外协过程中，应在合同中明确知识产权权属、许可使用范围、侵权责任承担。在使用委托方商标时，需要关注商标的所有权、注册国、类别，与合同中约定的商标、输出国、产品品类是否一致。

审核组在对深圳某代加工企业进行知识产权管理体系二阶段现场审核时，发现其承接了国外A公司的委托生产带有某标识的产品。该企业在承接该委托生产业务前，首先谨慎地审查了国外A公司的商标资质，并对其出具的证明文件和法律文书进行严格的形式审查；其次在订立合同时，不仅明确该合同为加工承揽合同而非销售合同，而且明确了该批货物的具体销售地点，再次确认国外企业在相应销售地具有使用有关商标的资质，并且在合同中明确知识产权权属、许可使用范围、侵权责任承担等内容；最后，完成贴牌任务后，确保所有商品销往合同指定的国家或地区，并妥善留存相关单据和文书。

现场审核中，受审核方向审核组提供了采取上述措施的一系列证据材料，该证据材料真实可信，不仅满足标准8.4b条款在委托加工、来料加工、贴牌生产等对外协作的过程中，应在生产合同中明确知识产权权属、许可使用范围、侵权责任承担等，必要时应要求供方提供知识产权许可证明的要求；同时，受审核方在对外协作过程中保持严谨的态度、采取周全的防范措施，最大限度地保护己方利益，将商标侵权风险消弭于无形。

【案例解析5】

广州某公司主要从事电子和通信领域产品的研发和销售，产品主要通过委外进行生产。

审核组在进行知识产权管理体系二阶段现场审核过程中了解到，该公司研发了一款新产品，用于司法矫正领域，并将模具和外壳的生产委托给了深圳一家公司，深圳公司根据委托方提供的设计图纸负责开模和生产。但是在广州某公司与各合作伙伴建立合作，准备将产品推向市场的时候，进行了产品上市前的检索，发现深圳的这家公司已就产品的外观申请了一模一样的外观设计专利，并已经获得授权。由于双方当时签订的合同中没有约定知识产权权属、许可使用范围等条款，广州某公司一方面对产品的外观做升级，规避外观设计的保护范围；另一方面与深圳公司进行交涉，对该外观设计的权属提出异议，要求对方无偿转让该外观设计专利，最后双方和解，达成专利转让。

基于上述原因，受审核方根据 GB/T 29490 的要求，在委托加工环节，一方面提前进行专利布局和保护，另一方面在委托加工合同中约定了知识产权权属、许可使用范围、侵权责任承担等内容，便于后期的权属纠纷处理。

【案例解析 6】

深圳某公司的产品主要通过委托加工的形式委托第三方进行生产。体系运行前，该公司将一款“充电柜”产品委托第三方进行加工，提供图纸给第三方，第三方按照图纸进行加工。但是该公司在后续的销售过程中，发现市场上有大量的充电柜产品与自己销售的产品相同，但不是从该公司处购买。后经调查分析，市场上的同类产品是由第三方在获得该公司的加工图纸后自行生产销售的。该公司随后展开维权行动，但由于与第三方签订的订单中仅约定了订单数量和价格，没有约定知识产权权属、许可使用范围、侵权责任承担等内容，最终导致维权失败，公司损失几十万元。

体系运行以后，该公司非常重视委托生产过程中的知识产权管理工作，在委托生产前，对拟委托方的资质进行审慎的审查；同时，在委托合同中约定：甲方提供给乙方的相关文件、资料以及专有技术、商业秘密等的知识产权归甲方所有，相关技术资料不经甲方许可，乙方不得私自授权第三方。未经甲方特别许可，乙方不得将甲方的委托加工产品以任何形式流向第三方或市场。乙方应对委托加工过程中的相关文件、资料以及专有技术、商业秘密等做好保密工作，不得泄露给任何第三方。因违反约定给甲方造成损失的，甲方有权追究乙方的法律责任，乙方应赔偿甲方所受的全部损失。

在进行知识产权管理体系二阶段现场审核过程中，受审核方向审核组提供了对拟委托方的资质进行调查的记录，以及与拟委托方签订的委托加工合同，该委托加工合同包含上述约定的内容。受审核方委托生产过程中的知识产权管理符合 GB/T 29490—2013 标准 8.4b 条款的要求。

五、销售和售后

【标准条款 8.5】

销售和售后阶段的知识产权管理包括： a）产品销售前，对产品所涉及的知识产权状况进行全面审查和分析，制定知识产权保护和风险规避方案； b）在产品宣传、销售、会展等商业活动前制定知识产权保护或风险规避方案； c）建立产品销售市场监控程序，采取保护措施，及时跟踪和调查相关知识产权被侵权情况，建立和保持相关记录； d）产品升级或市场环境发生变化时，及时进行跟踪调查，调整知识产权策略和风险规避方案，适时形成新的知识产权。

【文件评审要点】

查看手册是否内容完整、表述规范。

【现场审核要点】

询问销售部门负责人在产品销售和售后开展哪些与知识产权有关的活动，审查产品销售记录。

询问体系运行期间是否有新产品上市销售，如果有，查看相应产品在销售前的审查记录，以及相应的知识产权保护和风险规避方案，重点关注方案具体内容。

询问体系运行期间企业参加了哪些展会、做了哪些产品宣传，参会前和宣传前制订了哪些知识产权保护或风险规避方案，重点关注方案具体内容。

询问企业如何开展监控和取证产品知识产权被侵权的情况；询问销售人员向知识产权部反馈了哪些与产品知识产权有关的市场监控信息，比如知识产权被侵权情况、竞争对手信息等，查看对产品相关知识产权被侵权情况的跟踪和调查记录，即使没有发现被侵权的情况，也应有相应的监控记录。

询问当产品升级或市场环境变化时，是否开展了跟踪调查，形成哪些新的知识产权。

【案例解析 1】

深圳某电器公司的系列产品包括酸奶机、煮蛋器、加湿器、营养隔水炖、电热饭盒、豆芽机、电蒸锅、美容器具、母婴用品等品类，所有产品均为自主研发并拥有知识产权，且全部获得国家的 3C 认证（部分产品通过 GS/CE/EMC 认证）。企业计划向印度尼西亚出口销售包括养生壶、电饭盒等国内在售的所有产品，该公司在向印度尼西亚销售产品前，对所涉及的产品在印度尼西亚的知识产权情况进行调查和风险分析时，发现其自主商标被已被国内某竞争对手在印度尼西亚抢注，影响企业海外出口产品布局。

受审核方随后组织人员对该情况进行详细分析，经过评估后制定了解决方案：一方面针对该被抢注的商标提出撤销申请；另一方面与抢注方联系商讨购买商标事宜，争取以最低的经济成本及时间成本取得该商标。同时与经销商在专利方面进行沟通，在经销商愿意承担产品专利风险的情况下，解决商标问题后可使用其在国内使用的商标进入印度尼西亚市场。

在进行知识产权管理体系二阶段现场审核过程中，受审核方提供了产品准备出口印度尼西亚前，进行知识产权调查和风险分析的记录、针对被抢注商标制定的解决方案以及商标“撤三”的申请材料，上述材料真实可信。审核员将上述审核证据与审核准则 GB/T 29490 标准中的 8.5a 进行对照并进行评价，认为证据表明符合标准 8.5a 产品销售前，对产品所涉及的知识产权状况进行全面审查和分析，制定知识产权保护和风险规避方案的要求。

【案例解析 2】

在武汉国际会展中心举办的某大型博览会期间，请求人广州欣胜日用品有限公司因被请求人魏某某在该展会上展示和销售的产品涉嫌侵犯其 ZL2004200829736 号专利权，于 2006 年 4 月 2 日向武汉市知识产权局提出侵权纠纷处理，经请求人申请并提供担保，暂扣部分被控侵权产品。

请求人称：广州欣胜日用品有限公司是 ZL2004200829736 号专利的排他实施许可人，被请求人未经专利权人的许可，于 2006 年 3 月 26 日在武汉国际会展中心举办的某大型博览会上，展示和销售名称为“田康牌高压节能原味锅”（以下简称“原味锅”），该锅的技术特征与专利 ZL2004200829736 的保护范围相比较，完全落入专利 ZL2004200829736 的保护范围，其行为构成专利侵权，请求责令被请求人立即停止侵权行为，赔偿损失。

武汉市知识产权局认为：ZL2004200829736 号“一种蒸锅”实用新型专利合法有效，请求人是该专利排他许可实施人，其合法权益受法律保护；被请求人展示、销售的“原味锅”其技术特征与 ZL2004200829736 号专利全部必要技术特征完全相同，根据专利侵权判定中的全面覆盖原则，被指控侵权产品落入了 ZL2004200829736 专利权的保护范围，故被请求人展示、销售行为侵犯了请求人的专利权，侵权行为成立。依据《中华人民共和国专利法》《湖北省专利保护条例》《专利行政执法办法》《展会知识产权保护办法》之有关规定，作出如下处理：（1）责令被请求人立即停止许诺销售、销售侵权产品“原味锅”；（2）对于博览会现场暂扣被请求人的侵权产品“原味锅”全部予以没收。

参展中可能会涉及的知识产权纠纷，大多在专利与商标两方面，因此在会展等商业活动前，企业应制订知识产权保护或风险规避方案，具体包括以下四点。

（1）参展企业对展出的“新品”要进行专利检索。通过专利检索可以掌握主动权，如果在专利文献中检索到拟展出的新产品已经由他人申请并被授予专利权，应及时作出调整，避免在会展中被投诉而陷入被动境地。

（2）企业对自己开发的新产品要及时申请专利以取得产品的“出生证”。在展览会上专利权好比是新产品的“出生证”，谁拥有该“出生证”谁就拥有了该产品作为专利产品展示的权利，否则随时有被责令撤下展示物品甚至会被取消参展资格的危机。因此，参展企业对自己研发的新产品应当申请专利后再组织参展。

（3）企业对自己展示的物品做好“历史记录”。有的企业因在展览会上被人投诉侵犯专利权而感到不解，“我在其申请专利之前就已经生产和销售这个产品，怎么还会有这样的麻烦?”按照我国的专利法规定，除了发明专利申请须经实质性审查外，实用新型专利和外观设计专利申请经初审合格后就可以授权。因此，难免在实用新型专利和外观设计专利中存在有不符合条件的专利申请被授予专利权的情况。这就需要企业做好产品的“历史记录”，因为权利的主张要有证据来支持。所谓产品的“历史记录”，就其外形而言，可以是公开出版物上的图片、照片，也可以是该产品的图纸、开模合同、模具验收证明、生产样品的鉴定材料、首次销售该产品的发票凭证，等等。有这些材料作为产品的“历史记录”，一旦在展览会上发生被他人投诉侵犯其专利权的情况，企业的有关人员可以在规定的有限时间内提供相应的证据，证明自己可以享有“先用权”而有权生产销售，避免该产品有被撤展的危险发生。

（4）会展上避免冲突，会展后及时补救。展览会上通常对被诉单位规定的举证时间是有限的，也就是说，在规定的时间内，被投诉的涉嫌专利侵权单位如果提供不出相关证据证明自己有生产、销售涉嫌专利侵权物品的，就得将所展示的物品撤下展柜，并被记录在册。有的时候，被投诉单位在规定的时间内，来不及提供相应证据，则应当遵守展览会的有关规定，撤下涉嫌侵权物品。但是事后应当采取补救措施，即在展览会结束后，将所收集的能够证明本单位有权生产和销售该“涉嫌侵权物品”的相关证据以及书面陈述寄送大会主办单位的投诉接待站或者当地的知识产权局，使其掌握实际情况，以保证本单位的参展资格不受影响。

【案例解析 3】

2018 年 4 月 25 日至 5 月 4 日，2018（第十五届）北京国际汽车展览会举行期间，被告途歌公司未经原告娱乐壹英国有限公司、艾斯利贝克戴维斯有限公司许可，擅自将“小猪佩奇”形象张贴在被告经营的 TOGO 共享汽车上，并以此为核心卖点，以“途歌佩奇车上纹，掌声送给社会人!”为主题进行商业宣传，同时将相关活动在其微信公众号、新浪微博以及各大媒体上进行了同步传播。被告还在其上述微信公众号内使用了与《小猪佩奇》动画片截图基本一致的 4 幅图片。

系列动画片《小猪佩奇》又名《粉红猪小妹》（Peppa Pig），其著作权人为英国的两家公司——娱乐壹英国有限公司、艾斯利贝克戴维斯有限公司，于 2014 年 6 月 4 日在中国国家版权局以美术作品登记，上述两家公司依法享有与小猪佩奇形象相关的美术作品的著作权，认为途歌公司侵犯了其享有的复制权和信息网络传播权，故诉至法院，要求判令途歌公司立即停止侵犯其著作权，并赔偿经济损失及维权合理开支共计 50 万元。

法院认为被告途歌公司使用《小猪佩奇》动画片和《小猪佩奇》美术作品，不是依上述作品直接获益，而是利用上述作品的知名度和影响力，推广宣传其共享汽车服务，是一种广告、代言意义上的使用，且 2018 年“小猪佩奇”形象在我国已经成为受广泛欢迎的文化产品，该形象具备较高的盈利能力与市场价值，最终法院对原告主张的经济损失予以全额支持。

商业宣传的广告语、宣传片本身可能涉及版权甚至商标问题，因此，在进行商业活动前应对使用的资料进行专利、商标、著作权排查，是否有存在侵犯在先权利的风险，尤其涉及一些知名度较高的在先已登记的知识产权，及时做好风险规避方案，提前签署许可使用协议或者规避使用。

【案例解析4】

深圳某智能装备制造公司是一家致力于工业机器人、自动化设备、服务机器人的研发、生产、销售的现代化科技型企业。公司的核心是精密直驱大理石平台等自动化设备的研发，之前已获得了近10项的专利和多项商标；知识产权已逐渐成为公司的核心竞争力；审核过程中，审核组始终围绕公司产品研发成果的知识产权管理，从细节入手，系统性地发现企业知识产权管理中的问题，通过企业及时整改，规避了知识产权管理中的漏洞，达到审核目的。

在知识产权管理体系二阶段现场审核过程中，审核组审核销售部时，发现受审核方没有根据标准要求建立市场监控程序，定期进行跟踪和调查知识产权被侵权的情况，并进行记录。审核组针对该问题开出了不符合项；不能提供“加工台机构及加工台”专利的市场监控情况记录。其不符合GB/T 29490—2013标准8.5生产“c）建立产品销售市场监控程序，采取保护措施，及时跟踪和调查相关知识产权被侵权情况，建立和保持相关记录”的规定。

针对上述不符合项，受审核方及时进行原因分析，认为销售部对知识产权贯标工作不够重视，对部门知识产权风险意识和部门职能意识认识不够全面，并进行了纠正：企业在审核当月补充了一次市场监控，监控知识产权被侵权的情况，并形成《市场监控情况表》。

同时，制定了纠正措施：对公司销售部工作人员进行相关知识产权管理体系标准的再培训，强调跟踪和调查自主知识产权被侵权情况的重要性，根据跟踪和调查的信息，形成相关记录，采取措施避免自有知识产权被侵权的风险。管理者代表对上述纠正与纠正措施实施完成情况进行确认，并经过审核组验证，验证关闭。

【案例解析5】

审核组在对某国际知名品牌涂料公司进行知识产权管理体系二阶段现场审核过程中发现，该公司销售部在日常的市场监控过程中，发现国内某公司为创自己的商标品牌，购买了该国际知名品牌涂料公司某品牌的油漆，通过换桶的形式，换成自己的商标品牌，有侵犯该国际知名品牌涂料公司注册商标专用权的行为。

销售部随后将该情况反馈至公司法务部，并配合法务部门开展侵权证据的收集工作，经过分析决定采用行政途径解决知识产权纠纷，遂向某区市场监管所及市场监督管理局执法大队举报并协助处理。销售部提供了上述纠纷处理过程的相关记录文件，审核员将上述审核证据与审核准则 GB/T 29490 标准中的 8.5c 进行对照并进行评价，认为证据表明符合标准 8.5 生产“c）建立产品销售市场监控程序，采取保护措施，及时跟踪和调查相关知识产权被侵权情况，建立和保持相关记录”的规定。

销售领域商标“反向侵权”行为是指侵权人未经商标注册人同意，在商品销售活动中将他人商品上附着的商标标识予以更换后，冒充为自己的商品予以展示、销售的行为。在未经商标注册人某公司同意授权的情况下，擅自将他人商标更换为自己的商标并进行销售的行为，已经侵犯了注册商标的专用权，构成“反向侵权”。

目前商标持有人对假冒自己商标的生产经营行为非常关心和重视，而对“反向侵权”的自我保护意识，则显得有些淡漠。商标持有人应加强商标“反向侵权”的市场监控力度，保护知识产权不被侵犯。

【案例解析 6】

A 公司在 2014 年首批通过知识产权管理体系认证，经过 5 年持续的体系建设，知识产权管理水平稳步提升。

A 公司市场营销部门在客户订单量统计时发现，原本订单量稳定的客户 B 公司，近期采购量急剧下降，A 公司进行客户走访时发现竞争对手 C 公司以低廉价格在向 B 公司销售该产品，市场营销部门通过第三方及时调查取证，收集重点信息，公司内部启动《知识产权预警和应急方案》，由知识产权部和专利发明人组成应急小组，外部联络本行业比较熟悉、经验丰富的专利律师，梳理完毕以 C 公司制造、销售 A 公司发明专利和外观专利产品为由分别提起诉讼。

该案件于 2018 年 9 月 3 日于杭州市中级人民法院立案，截至审核日止，以外观设计专利诉讼的案件审理已终结，判决结果："一、被告C公司停止制造、销售、许诺销售落入专利权保护范围内的产品，销毁侵权产品；二、赔偿原告经济损失等。"

市场监控是企业获得竞争对手主要竞争产品的最好、最快捷的方式之一，同时也是企业获取证据来源的关键方式。企业销售部门需要与知识产权部门保持顺畅沟通，了解公司现有知识产权情况，及时通过展会、客户走访等市场行为发现知识产权被侵犯情况，采取保护措施。

第六节　审核和改进

一、总则

【标准条款 9.1】

策划并实施以下方面所需的监控、审查和改进过程：

a）确保产品、软硬件设施设备符合知识产权有关要求；

b）确保知识产权管理体系的适宜性；

c）持续改进知识产权管理体系，确保其有效性。

【文件评审要点】

查看手册是否内容完整、表述规范。

【现场审核要点】

与管理层面谈，询问在有关审核和改进有哪些要求、评价知识产权管理体系是否具有适宜性、有效性方面策划了哪些检查过程，采取了哪些审查和改进措施，由哪个部门负责。

二、内部审核

【标准条款 9.2】

应编制形成文件的程序，确保定期对知识产权管理体系进行内部审核，满足本标准的要求。

【文件评审要点】

查看手册及程序文件是否内容完整、表述规范。

检查是否提供最近一次内部审核的记录（初审申请阶段提交；监审可以要求企业提供）。

【现场审核要点】

（1）要求知识产权部或内审牵头部门提供控制程序，对照程序文件问询知识产权部负责人开展内部审核工作的流程，时间等，检查企业对内审工作的整体控制情况；检查最近一期企业内审的相关材料，对具体信息进行关注。

（2）查看《内部审核计划》是否覆盖了标准规定的所有条款、企业的相关部门和受审条款，审核内容是否设定了目的、范围、依据、审核组成员任命及其具体分工、管理者代表等审批人员的签名等。

（3）检查《首末次会议签到表》，查看与会人员是否覆盖受审核部门。

（4）检查各部门《内部审核记录》《内审问题清单》等文件，查看条款是否全面，记录是否完整可重现。

（5）检查《不合格项和纠正措施记录表》，查看不符合项及其整改记录，检查是否按约定时间完成整改，有无责任人签字。

（6）检查《内部审核报告》，查看内容是否全面完整，有无管理者代表签字；内审应该覆盖全部体系内的部门和活动，例如，不能丢漏条款和部门；要求交叉审核，体现内部审核的公正性。

【案例解析】

审核组在对某公司进行知识产权管理体系二阶段审核过程中，审核内部活动时，首先询问该公司是否建立了《内部审核控制程序》，受审核方向审核组提供了编号为××-××-2017 的知识产权管理体系内部审查程序文件，为策划和实施内部审核，确认质量、环境和职业健康安全管理体系/建设工程监理质量管理体系/知识产权管理体系/信息化和工业化融合管理体系是否得到有效实施与保持，评审以往审核的结果，并获得向公司管理层提供审核结果的信息。

受审核方于2019年5月8日下达了附有2019年知识产权管理体系内部审核计划的《关于下达〈2019年知识产权管理体系内部审核计划〉的通知》。审核计划的内容包括审核目的、审核性质、审核范围、审核依据、审核方法、审核安排等。通知有管理者代表的签字。

受审核方提供了内部审核首末次会议的签到表，所有受审核部门的人员均参会，且有各参会人员的签字，签字真实有效。

受审核方提供了内部审核记录，记录了内审的情况，审核部门覆盖了审核计划中涵盖的部门。内审过程中未发现不符合项。

受审核方提供了2019年度知识产权管理体系内部审核报告。本次内审对知识产权管理体系评价意见及审核结论为：本公司《知识产权管理体系文件》（B版）覆盖并满足GB/T 29490—2013标准的要求；新版体系文件发布实施后，知识产权管理体系运行平稳过渡，运行稳定，知识产权管理活动符合知识产权管理体系文件规定的要求；知识产权管理体系得到有效实施与保持；持续改进机制有效运行；知识产权管理体系运行与公司质量、环境和职业健康安全管理体系能够很好地融合，效果良好。

公司高层能够落实知识产权方针和知识产权目标，通过宣传教育和内部沟通等方式提高员工知识产权意识，采取积极有效措施，提供满足知识产权管理体系有效运行的资源。

科技项目应突出每个技术研发创新点的专利申请主题的策划，使研发的目标性更强；应进一步加强海外工程的侵权风险的研判。知识产权管理过程处于受控状态，运行结果有效。

审核过程中，受审核方按照要求建立了《内部审核控制程序》，内部审核前，制定了《内部审核计划》，内审计划覆盖标准规定的所有条款、企业的相关部门和受审条款，内容包括审核目的、审核范围、审核依据、审核组成员任命及其具体分工等，有管理者代表等审批人员的签名等；有《首末次会议签到表》，参会人员覆盖了受审核部门；提供了各部门的《内部审核记录》《内审问题清单》等文件，条款覆盖全面，记录完整可重现；提供了《内部审核报告》，内容全面完整，有管理者代表的签字。

审核员将上述审核证据与审核准则 GB/T 29490 标准中的 9. 2 进行对照并进行评价，认为证据表明受审核方的内审工作规范，审核内容充分，满足 GB/T 29490—2013 标准 9. 2 条款的要求。

三、分析改进

【标准条款 9. 3】

根据知识产权方针、目标以及检查、分析的结果，制定和落实改进措施。

【文件评审要点】

查看手册是否内容完整、表述规范。

【现场审核要点】

与最高管理者面谈，询问企业针对内审、管理评审的结果开展分析与整改工作的意义如何认识，相关工作的责任人是谁，有哪些措施保证整改工作的有效实施。

【案例解析】

某公司针对内审中发现的人力资源部未能提供高层管理人员的知识产权背景调查记录的问题，进行原因分析，并实施整改措施。同时，该公司通过内部审核和管理评审，对于发现的问题，分析原因，实施整改措施，建立持续改进机制，保证了体系的适宜性和有效性。

第三章　企业知识产权管理体系良好审核案例

第一节　中冶焦耐（大连）工程技术有限公司知识产权管理体系初次认证审核案例

一、受审核方概况

中冶焦耐（大连）工程技术有限公司（以下简称“中冶焦耐”）创建于1953年，是中国五矿集团一级骨干子企业，业务领域涵盖炼焦化学、耐火材料、石灰、市政工程、环境工程与自动控制等，为客户提供工程技术咨询、规划设计、工程监理、设备成套、工程总承包、技术服务等工程建设和运行维护全方位服务。

中冶焦耐是国家知识产权示范企业，荣获1项中国专利金奖，2项中国专利优秀奖，被评为“2016年知识产权领域最具影响力企业”。2019年拥有授权发明专利200多项，实用新型专利600多项。

为提升知识产权管理水平，受审核方于2015年年初开始筹划建设知识产权管理体系。2015年年底，受审核方建立了文件化的知识产权管理体系，并进行试运行。

2016年4月申请贯标认证，6月进行现场审核，7月获得认证证书。分别于2017年7月和2018年7月进行了两次监督审核，推荐持续保持认证。2019年7月进行了再认证审核，审核结论是推荐再认证。

二、审核活动概述

1. 审核目的与结论

证实受审核方知识产权管理体系与审核准则的符合性和有效性，以确定是否推荐认证。

本次审核的结论是：不符合项书面验证合格后，管理体系符合性和有效性满足适用要求，具有实现预期结果的能力，审核组推荐认证。

2. 审核范围

涉及的产品（服务）/活动：冶金焦化、耐火材料、城市燃气、环境治理、市政工程、自动化等领域的工程技术咨询、设计、施工安装及工程建设项目服务的知识产权管理。

涉及的场所及部门：辽宁省大连市高新园区××街××号；管理层、质量科技部、公司办公室、人力资源部、财务部、法律事务部、营销部/海外部、项目/设计管理部、设备采购部、各专业室、事业部和独立核算部门、计算机中心、工程技术检测中心、文档中心、自动化公司。

涉及的时期：自 2016 年 1 月至本次现场审核结束日。

3. 审核依据

GB/T 29490—2013 标准、受审核方的知识产权管理体系文件、适用的法律法规和其他要求。

三、审核过程

1. 知识产权管理体系文件审核

审核该公司依据 GB/T 29490—2013 标准的要求建立和运行知识产权管理体系的总体情况。公司编制了四级管理体系文件，一级：知识产权管理手册；二级：知识产权程序文件，包括外来文件和记录文件控制程序、知识产权目标、信息资源控制程序、知识产权基础管理、内部审核等；三级：知识产权作业文件，知识产权“程序及作业文件”包含两部分内容：一部分属于知识产权管理体系独立使用的程序及作业文件，另一部分引用公司

《质量、环境和职业健康安全管理体系》的程序及作业文件，这两部分合起来形成系统、完整的知识产权“程序及作业文件”；四级：知识产权记录文件，包括外来文件登记表、法律法规及其他要求台账、年度知识产权工作计划、年度知识产权目标分解表、年度知识产权目标完成情况考核表、信息发布审批表、合同知识产权审查记录、管理评审报告、培训记录、入职知识产权声明等记录表单。

文件的层次结构合理，但存在知识产权管理手册和部分文件内容覆盖不够全面，论述不够充分的问题。具体问题详见《文件评审报告》的问题清单。

2. 知识产权管理体系一阶段审核

（1）知识产权管理体系一阶段审核的目的。评价受审核方的基本情况和知识产权管理体系策划，确定第二阶段审核的可行性和重点。

（2）审核知识产权管理体系建立的基本情况。受审核方已按 GB/T 29490—2013 标准的要求建立了文件化的知识产权管理体系，并针对《针对文件评审报告》中提出的问题对知识产权管理体系进行修改，经验证修改后的体系文件符合 GB/T 29490—2013 标准的要求。

（3）审核知识产权管理方针、目标、控制措施制定的适宜性。受审核方的方针为“激励创造、灵活运用、全面保护、系统管理”。结合公司的现状设定了知识产权管理目标，同时制定了知识产权长期目标。每年年初，根据公司知识产权方针和知识产权战略规划，结合上年度知识产权目标实现情况及管理评审提出要求，组织制定公司年度知识产权工作计划，明确知识产权目标及其获取的种类、方式和途径，经费预算及保障措施等。

（4）审核内审和管理评审的实施情况，以及持续改进机制的建立情况。受审核方初步建立了自我改善和持续改进的机制，于 2016 年 3 月 29~30 日实施内审，提出 3 项不符合项，并进行整改；于 2016 年 4 月 12 日实施管理评审，提出改进措施，内审和管理评审基本符合要求。

（5）确定二阶段现场审核要点。结合文审情况以及经过与受审核方沟通，对受审核方的知识产权管理现状进行分析，发现以下问题：①受审核方虽然已按照规范的要求建立了文件化的知识产权管理体系，但文件要求模板化现象较明显。②受审核方知识产权基础较好，但与其每年的研发投入相比，发明创造强度较弱，专利产出与研发投入不成正比，年发明专利申请量仅30余项。③虽然已使用信息化手段开展知识产权管理工作，但未将专利检索工作更加规范地嵌入各个工作流程。基于上述情况确定二阶段现场审核的工作要点：①因形成可操作、可实施、能够落地的知识产权管理体系文件不是一朝一夕的事情，因此在初次认证审核中以引导企业形成可操作、可实施、能够落地的知识产权管理体系文件为主；②重点关注研发过程及获取过程中的知识产权控制，以提高专利的产出量及授权率；③引导受审核方规范各工作流程中的专利检索工作。

3. 知识产权管理体系二阶段现场审核

审核组按照GB/T 29490—2013《企业知识产权管理规范》、受审核方知识产权管理体系文件以及适用的法律法规的要求，核查了如下方面的管理策划和实施：知识产权方针和目标的制定及落地实施情况，知识产权管理体系和各过程的策划、实施和持续改进情况，管理职责的落实情况，人力资源、基础设施、财务资源和信息资源等有关知识产权运作的各项资源的配备情况，知识产权各主要过程（获取、维护、运用、保护、保密及合同管理）的策划及实施情况，立项、研发、采购、生产、销售各运行过程的知识产权管理策划及实施情况，内审和管理评审的策划和实施情况，收集到大量符合性证据。

四、主要的审核发现

受审核方根据各部门的职责、权限，对2016年度知识产权目标进行分解，具体落实到各部门，形成文件且可考核，与方针保持一致。同时，明确管理者代表及知识产权主管部门以及其他相关部门的职责、权限，合理配备资源，明确适宜的法律法规，及时沟通并进行管理评审。对人力资源、基础设施、财务和信息等有关知识产权运作的各项资源配备基本齐全，基本能够确保体系的有效运行。对知识产权各主要过程（获取、维护、运用、保护、保密及合同管理）进行分析和策划，制定了各有关控制程序和管理制度，并据此进行实施，控制基本有效。对立项、研发、采购、生产各运行过程，均按照标准要求制定了相关控制程序，并按要求实施管理，管理过程基本有效。通过内审和管理评审，各部门在工作中对发现的问题以及社会反馈、员工合理化建议等及时发现问题，分析原因，采取有效整改措施，已基本形成持续改进机制。

在此次审核过程中，审核组根据审核发现共提出 6 个不符合项和 3 个建议项。其中不符合项涉及的部门和条款如下：质量科技部，7. 1b、8. 1a；设计管理部，8. 5a；人力资源部，6. 1. 2；通风室，8. 2a；营销部，8. 5c。

审核组在现场和公司总经理、管理者代表及相关部门人员对不符合项进行有效沟通，解释了相关工作对公司知识产权保护和风险的影响，说明了目前的不符合情况宜及时进行整改，以提升知识产权获取能力和风险防控能力，进而提升公司的知识产权管理能力。

经过沟通，审核组提出的不符合项得到受审核方人员的理解和接受。

受审核方针对上述不符合项进行原因分析，并提出了纠正及纠正措施。上述纠正及纠正措施经审核组验证有效。

五、受审核组织通过改进取得的成效

审核组在审核过程中，结合标准要求及企业知识产权管理的特点，根据一阶段审核确定的二阶段现场审核的工作要点，充分关注受审核方的知识产权管理体系策划、实施及持续改进情况。通过本次知识产权管理体系初次认证审核，帮助受审企业提高全员的知识产权意识，完善管理制度，规范工作流程，进而提升知识产权的产出，规避知识产权风险。

（1）各级人员在认识上都有所提高：2016 年 9 月公司聘请体系管理和知识产权领域知名专家为公司高管、中层和部门骨干 80 余人进行了知识产权管理体系的系统培训，使公司高管层对知识产权的认识更深入、更专业，对于知识产权工作也更加重视；公司各部门领导对本部门知识产权工作也有了具体的认识，知道如何工作，如何配合，使知识产权工作真正做到全员参与；随着贯标工作的开展，全员对知识产权也有了更全面的认识。

(2) 管理制度得到完善：制定《知识产权重大事项预警管理办法》《专利奖酬管理办法》《商标管理办法》，修订《著作权管理办法》《专利管理办法》。首次明确"一奖两酬"的发放额度和方式。

(3) 管理工作流程化：在OA专利申请系统中设置了专利检索报告模板，只有进行检索，并填写好检索内容才能进行提交，而专利交底文件和检索报告都会逐级审核。管理流程化的好处是，一旦流程建立起来以后，都会自动触发运行，不需要反复提醒。

发明专利申请量从2015年开始每年翻一番。2017年申请发明专利201项，PCT专利1项。

六、结束语

审核组于2017年7月和2018年7月对受审核方分别进行了第一次和第二次监督审核工作，引导企业发现体系运行过程中的不足之处，并加以改进。同时，重点关注初次认证过程中发现的受审核方体系运行的薄弱环节（检索分析），分别在两次监督审核过程中给出书面建议项，建议进一步提高各阶段知识产权检索分析的深度和广度。同时，引入合规性评价的概念，建议将合规性评价工作与公司的保密管理工作结合，更加注重保密管理的执行情况。

经过两年的体系运行，受审核方尝到了知识产权管理体系化的甜头。但也发现，原先由于经验不足而出台的体系文件，逐渐暴露出与管理不适应的问题。且在此期间质量管理体系换版，两化融合体系的贯标，又给受审核方提出了体系融合的新问题。于是，受审核方于2018年重新设计修订了新版体系文件，对知识产权管理也有了新的认识。

（一）重新认识知识产权总目标

提出"完善以市场为中心的知识产权体系，建设国际一流的创新型企业"的总目标，为受审核方的知识产权工作指出了明确的发展方向。将知识产权管理体系打造成管理工具；通过知识产权工作的开展，让公司在创新上更上一层楼，让创新成为企业进步的主要推动力和企业的基因。

（二）重新修订知识产权方针

修订后的知识产权方针为“持续创新　有效运用　依法保护　规范管理”。

（1）由“激励创造”改为“持续创新”，一方面，公司的新奖酬制度已经实现激励创造的目标。另一方面，创新，特别是高质量、持续性的创新，应该是公司未来要着力提升的能力，也是公司长富久安的内在驱动力。知识产权上的创新，既有技术创新，也有管理方法和生产经营上的创新。

（2）由“灵活运用”改为“有效运用”，是因为在知识产权运用上更加扎实，公司未来将更加注重运用的有效性，就是利用知识产权为公司创造额外价值的能力上。

（3）由“全面保护”改为“依法保护”，因为公司注意到，全面保护有时候会失去重点，而知识产权保护，只有按照法律法规的要求去做，满足相应要件，才有可能真正获得保护。

（4）由“系统管理”改为“规范管理”，增加了合规的考虑。因为系统已经初步建立起来，而如何管理更加规范，这种规范要同时满足合规、简洁、有效，避免无谓的增加管理成本。

（三）重新定位公司知识产权工作

公司主要的活动分为两类：科技创新活动和生产经营活动。其中，科技创新活动包括课题立项和研究开发，生产经营活动包括销售、生产、采购、售后等。知识产权工作对这些工作实际上是全覆盖的关系。因此，提出“三专两创”管理模式，即“专利导航—创新研发—专利布局—创业经营—专利保护”。专利管理覆盖企业科技创新到生产经营全流程，实现了知识产权对企业活动的有机渗透和全面覆盖。升级后的“三专两创”管理，应该把专利运营思维引入每一个环节，因为专利运营是整个环节的末端，而只有前端每个环节都有专利运营思维，为专利运营做好准备，才能在最后运营的时候获得理想的收益和成绩。

（四）重新梳理管理体系内伸外延

有效的知识产权管理的“四个一”：一个制度、一套体系、一个平台、一套指南。

体系文件和制度文件有关联性，也有不同。在原先未建立体系的时候，相关的要求都是以制度文件的形式呈现的。建立以手册、程序文件、作业文件为基础的管理体系之后，制度的很大一部分就被替代了。但是制度文件依然有其存在的必要。为了让工作更好开展，把原来十余项规章制度压缩成一个。把应该在体系文件中描述的内容，留在体系文件中，而从规章制度中删除。

为了给体系文件做补充，增加了指南内容，主要是结合公司业务内容编制的“专利检索指南”“专利申请指南”“专利撰写指南”，未来，还会编制“审查意见答复指南”“专利布局指南”“专利导航指南”“专利报奖指南”等内容。这些指南比常规作业文件更加丰富和翔实。

为了使信息化更好地为知识产权工作服务，重新建设了知识产权管理平台。改版了专利申请流程，新增了申请后的信息维护、运用、奖酬等功能。将日常工作更加便捷化，也让各种信息更加容易整合与应用。

（五）重新把握知识产权工作重点

从对人和对事两方面来看，知识产权工作的重点都需要细化把握。

在对人方面，企业中不同的人，做好知识产权工作，都需要足够的意识、足够的知识、足够的资源。

（1）公司领导。公司领导要有知识产权战略意识，要有专利法的基本知识、要有专利导航的资源，这样他才能够做好判断。为此，一方面给领导创造高水平培训研讨的机会让他们提高认识、理解专利，另一方面委托专业机构做专利导航，让他们能够按图索骥，清楚把握技术发展脉络与创新方向。其对应 GB/T 29490—2013 标准 6. 1. 2c 和 6. 4a。

（2）职能部门。企划、宣传、采购、人力、营销等职能部门，在其工作中涉及知识产权时，要让他有意识，并且知道怎样做是对的。这就是通过年度目标的设立和考核、内审、外审来进行监督教育。重点是把知识产权工作与日常工作融合。既要时时有这个意识，又不增加额外的负担。

（3）业务部门。研发、生产部门，主要是培训员工的创新能力、专利检索、布局、撰写能力。通过把本领域的专利进行剖析，学习如何创新，并把创新转化成专利，取长补短。同时要用 TRIZ 理论来提高员工举一反三的创新能力。

（4）管理部门。主要是提高自身水平和认识，提高专业能力，为各部门出谋划策，增强话语权，并且能够合理引入新的管理资源来提升管理水平。充分利用外部资源、信息化资源、内部资源，共同完成知识产权工作。

在对事方面，知识产权工作由日常工作和专项工作两部分。完善知识产权管理体系，着力提升管理效率，将日常工作消耗的管理资源减到最小。留出时间来做专项工作，比如专利导航、专利布局、专利撰写、竞争对手研究等。

体系改版是用正确的方法做正确的事。为了更好落地，扎实推进管理体系贯标，在提升公司竞争力的同时，也在推进公司内部治理科学化。

第二节　某市政行业的设计研究企业知识产权管理体系第一次监督审核案例

一、受审核方概况

某市政行业的设计研究企业（以下简称“设计研究院”）从事规划、工程设计和咨询、工程建设总承包及项目管理全过程服务。现拥有综合交通、地下空间与地下工程学科和规划等专业，覆盖基础设施建设行业各领域，综合实力位居国内同行前列。

设计研究院坚持科技创新且十分重视知识产权管理。2017 年 1 月，设计研究院知识产权管理体系正式运行，体系覆盖总院的主要职能部门和下设全部研究院及设计院，知识产权方针为“激励创造、灵活运用、全面保护、系统管理”。2018 年 4 月，该院通过中知（北京）认证有限公司的认证，认证范围为“市政公用工程的助测、设计、研发，工程项目总承包的知识产权管理”。

二、审核活动概述

审核类型为第一次监督审核；审核目的是评价客户管理体系的持续符合性和有效性，以确定是否推荐保持认证；审核范围为市政公用工程的勘测、设计、研发，工程项目总承包的知识产权管理；涉及的部门为管理层、知识产权管理部、综合办公室、设计/研究院；涉及的审核取证日期为2017年1月至本次现场审核结束日；审核准则包括GB/T 29490—2013标准，受审核方知识产权管理体系文件，适用的法律法规和其他要求；审核日期为2019年4月11~12日。

三、审核过程

1. 现场审核前准备

（1）审核组收集行业信息，加深对受审核方所属行业及相关业务的认识。

审核组经过检索，查找到《工程勘察设计咨询业知识产权保护与管理导则》等相关资料，明确了所属领域知识产权管理工作的关键点。勘察设计咨询业的知识产权管理对象可包括专利权、著作权、商标权、技术秘密等。

专利权是指获得授权并有效的发明专利权、实用新型专利权和外观设计专利权，包括各种具有新颖性、创造性和实用性的新工艺、新设备、新材料、新结构等新技术和新设计，以及对原有技术的新改进、新组合等的专利权。

著作权主要包括勘察、设计、咨询活动和科研活动中形成的工程勘察、设计等领域的投标方案；工程勘察和工程设计阶段的原始资料、计算书、工程设计图及说明书、技术文件和工程总结报告等；工程咨询的项目建议书、可行性研究报告、专业性评价报告、工程评估书、监理大纲等；科研活动的原始数据、设计图及说明书、技术总结和科研报告等。

技术秘密是指对没有申请专利，具有实用性，能为企业带来利益，并采取了保密措施，不为公众所知悉的技术享有的权利，包括各种新工艺、新设备、新材料、新结构、新技术、产品配方、各种技术诀窍及方法等。

（2）审核组调阅初次认证信息，分析本次监督审核工作重点。

通过调阅初次认证信息，审核组了解到受审核方属于典型的工程设计企业，工程设计服务过程中的工艺设计、装置开发过程涉及知识产权的情况越来越多。其中，充分运用知识产权信息，在创新过程中有效规避专利侵权风险，以及防范竞争对手、加强自我保护，逐渐成为该企业知识产权管理的关键节点。

然而，受审核方的知识产权管理部门位于集团总部的总工程师办公室（知识产权管理部门侧重专利、技术秘密等领域的宏观管理，专职知识产权工作人员较少，不足以实时监控每一科技项目创新过程的专利信息），负责工程设计开发的创新部门为集团下设的设计院（设计院员工共计上千人，每年新设立和在研的项目共计数十项），仅靠知识产权管理部门的人员无法承担具体的专利信息检索分析工作，需要由具体项目的开发人员承担，而开发人员日常工作负担较重，知识产权意识和专利检索分析技能不足。因此，项目立项、开发过程中的专利信息综合利用，尤其是专利检索分析（8.2a 等条款涉及的过程）是本次审核关注的重点，且关注的时间范围不能仅局限于上一年度（2018 年 4 月至本次现场审核），而应将抽样范围确定自体系建立以来（2017 年 1 月）至本次现场审核结束日。

2. 现场审核

初次认证后，受审核方逐步完善了创新过程知识产权管理的相关规定，改善了设计开发过程中专利检索分析工作，较稳定地满足了 GB/T 29490—2013 符合性的要求。本次审核为第一次监督审核，审核组针对组织知识产权管理的特征，将重点放在进一步关注创新过程中专利信息的综合利用，尤其是专利检索分析及其有效性。

在明确本次现场审核的关键点后，审核组全体成员按照审核计划，对各个勘查院、设计院等进行了现场审核。现场获取审核证据时，重点关注了各设计院自体系建立以来的《项目分析报告》《科研项目建议书》《知识产权中期检索报告》等相关记录。

四、主要的审核发现

受审核方根据自身情况及发展方向，制定了知识产权方针和目标，形成文件，付诸实施并予以保持；按照 GB/T 29490—2013 标准制定了过程控制程序及管理制度和记录，基本覆盖知识产权管理的各个过程，形成文件化的管理体系，并能够有效实施和持续改进；专门设立了知识产权管理部门，并明确了管理者代表及主管和相关部门的职责，合理配备资源，明确了适宜法律法规；对人力资源、基础设施、财务和信息等有关知识产权运作的各项资源配备齐全，管理较为规范，基本能够确保体系的有效运行。

受审核方对知识产权管理的各主要过程（获取、维护、运用、保护、合同管理及保密）进行了分析和策划，按照 GB/T 29490—2013 标准的要求，制定了较为完善的控制程序和管理制度，明确了职责部门和适用范围，并据此运行实施，控制基本有效。

但是在知识产权检索分析等方面工作开展得不充分。本次一共开具了 7 个一般不符合项，其中涉及立项阶段的知识产权管理（8.1）、创新过程中的知识产权布局（8.2b）、研发阶段针对所属领域、竞争对手的专利检索和分析（8.2a）等。受审核方对以上 7 个不符合，均认真进行分析及改进。

经过现场沟通，不符合项所在部门的相关负责人表示，审核组提出的问题确实存在，认可审核组的意见，今后会进一步提升知识产权管理意识和实施专利信息检索分析有效性的管理，知识产权管理部门通过积极开展培训、加强数据库建设等手段，提升一线设计开发人员专利检索分析工作的质量。

五、受审核组织通过改进取得的成效

1. 加强了相关宣传工作，提升了研发人员知识产权管理意识和知识产权管理实施方法

通过组织形式多样的专利知识讲座、学习班和专题报告会，对总院各级员工进行专利法宣讲和知识产权知识普及，尤其针对研发人员开展了一系列知识产权培训与座谈会。目前，核心人员知识产权培训率为100%，大幅提升了研发人员的知识产权意识和知识产权管理实施方法。

2. 加强了专利检索分析方法的培训，提升了专业技能

通过组织研发人员参加专利检索分析方法的培训，从专利信息的检索、分析等多方面强化训练。从简单的考核结果来看，取得的效果十分明显，不少员工反映了日常工作中与知识产权工作、专利技术相关的设想，收到近400份关于专利申报的技术交底书，交由专利评审委员会评审分析。对于研发部门、技术部门的人员，做到每个设计人、发明人都能独立进行简单专利检索。

3. 加强了本地知识产权数据库建设，提升了检索分析效率

策划建立本领域知识产权创新与推广平台，建立相关领域知识产权数据库，大数据资源中心包括知识产权大数据、相关领域专业专题库行业资源库、资讯信息库。知识产权大数据包括专利、商标、著作权、论文等公开数据资源。相关领域专业专题库包括市政设计专题库、工业设计专题库、建筑设计专题库、绿色环保设计专题库等。行业资源库包括项目案例、行业标准、创新成果、高价值专利等。资讯信息库则收录全网设计领域的行业资讯、知识产权资讯、企业资讯等内容。基于行业数据的特点建立个性化的数据库，降低了研究开发人员专利检索分析工作的难度，提升了检索分析工作的质量。

4. 加强了知识产权信息综合利用，为创新发展提供了支撑

知识产权管理部门组织相关创新部门对主要的近10个竞争对手专利申请情况会进行不定期跟踪检索，主要采用对这些竞争对手新申请专利的跟

踪，以了解竞争对手的最新研发进度，有计划、有策略地安排专利申请布局，从而设置、形成高效的专利信息利用机制，也对其未来研发方向发展趋势进行推测，为单位的研发定位提供建议。

六、结束语

审核组在审核过程中，充分关注了受审核方所属行业和服务内容的特点，结合标准要求，较好地把握了相关知识产权管理潜在的风险。通过本次监督审核以及受审核方的整改工作，帮助其较为明显地提升了员工的知识产权意识，增强了一线设计开发人员的专利检索分析技能，改善了创新过程中专利信息综合利用的效果，促进受审核方在创新过程中有效规避专利侵权风险，以及防范竞争对手、加强自我保护。